MILO RAU

Was Theater kann

MILO RAU

Was Theater kann

ESSAY

Geparden Verlag

Autor und Verlag danken für die Unterstützung:
st.gallen

Milo Rau
Was Theater kann

Warum Kunst: Aus dem Englischen von Ingo Herzke
Lektorat: Anne Wieser
Gestaltung und Satz: Nadja Zela
Umschlaggestaltung unter Verwendung
eines Fotos von Miklós Klaus Rózsa

www.gepardenverlag.ch

Druck und Bindung:
Gyomai Kner, Gyomaendrőd
Printed in Hungary

ISBN 978-3-907406-04-5
1. Auflage 2023

Vorwort der Herausgeberinnen

Milo Rau gehört zweifellos zu den herausragenden, profiliertesten Theater- und Filmemachern der Gegenwart. Mit Produktionen wie **Hate Radio, Five Easy Pieces** oder **Das neue Evangelium** provoziert und polarisiert er, löst Debatten aus und legt den Finger zielsicher auf die Stellen, an denen es hinsichtlich unserer Gesellschaft und ihren blinden Flecken weh tut.

Wie denkt und arbeitet Milo Rau? Wie sehen seine Visionen für ein Theater der Zukunft aus? Und lassen sich Thesen aus dem *Genter Manifest* wie: »Es geht nicht mehr nur darum, die Welt darzustellen. Es geht darum, sie zu verändern. Nicht die Darstellung des Realen ist das Ziel, sondern dass die Darstellung selbst real wird« in der künstlerischen und zugleich gesellschaftlichen Praxis umsetzen? Das waren Fragen, die uns interessierten und wir miteinander diskutierten, noch bevor wir mit Milo Rau in Kontakt traten. Umso glücklicher, ja: elektrisiert sind wir, dass mit den Texten, die nun in diesem Essayband versammelt sind, ein neuer, erweiterter und zugleich gut fundierter Zugang zu Milo Raus Schaffen möglich wird. Wir haben kluge und differenzierte Antworten auf die eine oder andere unserer Fragen gefunden – und viel Stoff für noch mehr Diskussionen.

Das Eintauchen in Milo Raus Texte bereitet grosses Lesevergnügen. Dafür sorgen sein Humor, seine Belesenheit, die auf Erfahrungen basierenden Theorien, der Appell an Mitgefühl und Fantasie sowie seine so oft luziden Formulierungen. Es ist uns eine Freude, Milo Raus kluge Reflexionen und Anregungen in diesem Band mit Ihnen, liebe Leserinnen und liebe Leser, zu teilen.

Anne Wieser und Bettina Spoerri, Frühjahr 2023

Ein visionärer Ort

Von Sibylle Berg

Laudatio, gehalten anlässlich der Verleihung des Großen Kulturpreises der St. Galler Kulturstiftung an Milo Rau am 17. November 2022.

Die Menschen gewöhnen sich an alles. An Überwachung, Ungerechtigkeit, an Gier, Grausamkeit. An Finanzprodukte, die Waren und Menschen überflüssig machen, an das Frieren für die Energiekonzerne und daran, dass Menschen angeklagt werden, die andere Menschen aus dem Meer retten.

Wir machen weiter wie immer.

Wird schon nicht so schlimm werden.

Wir machen Kunst.

Wird schon einer sehen in Theatern, in denen im Winter die Heizungen runtergedreht werden. Oder sie dienen als Wärmestuben – das ist sinnvoll und naheliegend, denn die Besucher/innen bleiben aus. Nach drei Jahren Pandemie haben sich viele der ehemaligen Abonnent/innen gefragt, ob Inflation und Theater einander für ihr persönliches Wohlbefinden ausschließen. Und haben mit Ja geantwortet.

Die Stadttheater waren schon vor der Pandemie Orte der subventionierten Dauerkrise. Orte, wo vornehmlich männliche Regisseure aus Kostengründen Texte vornehmlich männlicher toter Autoren unter männlicher Leitung für mehrheitliche Besucherinnen inszenierten, aber in erster Linie für sich.

Wenn überhaupt, fanden zeitgenössische politische Themen mit Verweis auf die planerische Vorlaufzeit mit großer Verspätung statt. Oder gar nicht. Oder wenn doch, wateten Schauspieler/innen schreiend durch Bühnenwasser.

Dort liefen sie noch immer, vor halb leeren Sälen, gäbe es nicht alle paar Jahre eine Revolution. Na ja, Revolution – also alle paar Jahre sprengt eine Inszenierung, eine Performance, ein Tanztheater die übliche Langweile. Und manche lassen die Zuschauer/innen über sich hinauswachsen und aufgehen in einer gemeinsamen Wolke aus Erregung und dem Begreifen von etwas Größerem.

Milo Raus **Hate Radio** war für mich ein Erlebnis, bei dem ich mich daran erinnerte, dass man tatsächlich relevante Themen ins Theater übertragen kann. Und dass es möglich ist, dort etwas zu lernen, ohne belehrt zu werden.

Vielleicht war **Hate Radio** Milo Raus Durchbruch ins kollektive Theater-Bewusstsein, doch schon Jahre vorher erfand er für die damalige Dekade eine neue Kunstform.

Sicher haben Theoretiker längst einen interessanten Namen für Milo Raus Arbeiten gefunden: posttraumatischer Bühnen-Realismus oder ... Es ist egal, wie man nennt, was da meist stattfindet: Nicht weniger als ein wahrhaftiges Begreifen der irrationalen Grausamkeit des Menschen und deren Auswirkungen auf das Individuum ist es, was er seinen Zuschauern schenkt. Milo Raus Arbeiten lassen den Betrachtenden an historischer nicht-europäischer Geschichtserzählung teilhaben, die oft nur flüchtig oder noch öfter gar nicht den Weg über westliche Medien in unser Bewusstsein finden. Das Begreifen der Zufälligkeit eines Geburtsortes, die Fragilität unseres Lebens, egal, ob wir aus Europa, Afrika, Südamerika stammen, wird durch Raus Arbeit oft zu einer Euphorie des universalen Gefühls, Teil von Milliarden zu sein.

Für mich hat sein Werk in seiner Aktualität, seiner unmittelbaren Wirkung und dem Erfahren von Menschlichkeit eine Bedeutung, die jede Shakespeare-Inszenierung übertrifft.

Milo Rau ist es gelungen, seine Protagonistinnen und Protagonisten sowie deren Schicksal nie zu benutzen, sondern ihnen Stimme und Sichtbarkeit zu gegeben. In Milo Raus **Das neue Evangelium** geht es um Menschen auf der Flucht, seine Performances und Inszenierungen sind fast alle am Ort der verhandelten Ereignisse mit Beteiligten entstanden.

Auch wenn Milo Rau lehrt, eine Produktionsfirma hat, vermutlich nebenbei noch 29 Festivals leitet, von denen ich keine Ahnung habe, obwohl er großartige Filme und Hörproduktionen kreiert: Das wirklich Überwältigende für mich sind seine Theaterarbeiten.

Weil sie so weit über das netflixhafte Konsumieren im Bett hinausgehen. Weil sie dem Zuschauenden das unmittelbare Erleben und Begreifen, das durch einen geteilten Raum stattfindet, schenken.

Milo Rau ist einer der wenigen Schweizer/innen, die es zu einer internationalen Bedeutung geschafft haben.

Für mich schade, für ihn logisch hat er nie ein Theater in der Schweiz geleitet. Aber vielleicht übernimmt er irgendwann das Theater St. Gallen und bekommt ein Denkmal vor dem Rathaus. Oder die Danksagung der Schweiz, dass sie sich durch seine aktive Hilfe von der Peinlichkeit, einen toten Menschen gegen Bezahlung anstarren zu können, befreit hat.

Was uns bleibt, ist die Begeisterung, dass es ein Künstler trotz seiner eventuellen unvorteilhaft angenehmen Geburtsumgebung, trotz des geschützten Raumes, den unser Land bietet, geschafft hat, eine international gültige Theater-Sprache zu erfinden, ein Künstler, der durch eine Art unschweizerische Besessenheit Teil dessen ist, was Kultur noch ein wenig am Leben erhält: Nicht ein Aussitzen des überholten, sondern eine ständige Erweiterung der tradierten Kunstbegriffe.

Milo Raus Arbeit zeigt, dass es wichtig ist, am Theater festzuhalten. Um einigen das Gefühl zu geben, dass es mehr gibt als den Alltag mit seinen lebensimmanenten Demütigungen. Um Betrachtenden und Akteuren eine Heimat zu geben für den Verstand und das Gefühl, wenn schon der Körper starr ist vor Entsetzen.

Wir schreiben Bücher, inszenieren Opern, spielen Theater und malen Bilder, vielleicht einfach, weil wir sonst nichts können. Weil wir sonst keine Funktion mehr hätten.

Und weil gerade das Theater ein so visionärer Ort ist, an dem es keine Hierarchie gibt, keine Geschlechterungerechtigkeit, keinen Rassismus und Sexismus. Ein utopischer Ort, in dem für jede und jeden alles möglich ist. Ein geschützter Raum, in dem wir uns jenseits des patriarchalen Systems gelassen und ohne Angst bewegen, in dem wir frei sind und friedlich gut gelaunt. In dem die Guten in der Überzahl sind. Die Besonnenen, die Liebevollen, die Mitfühlenden. Und so weiter.

Okay, das war ein kleiner Schlussscherz.

Ich gratuliere Milo zu seinem Preis, ich hoffe, er bekommt viel Geld, Liebe und eine schöne Urkunde.

Sibylle Berg wurde in Weimar geboren und zählt zu den wichtigsten Schriftstellerinnen und Dramatikerinnen im deutschsprachigen Raum. Ihr Werk wurde bisher in insgesamt 34 Sprachen übersetzt. 2020 erhielt sie den Grand Prix Literatur, die höchste Auszeichnung, die die Schweiz für literarisches Schaffen vergibt.

Die Kunst des Widerstands

Von Milo Rau

Vortrag zur Eröffnung der 21. Hannah Arendt Tage 2018.

Sehr geehrte Damen und Herren
Liebe Freundinnen und Freunde

Zuerst einmal herzlichen Dank, dass Sie mich eingeladen haben, diese Rede zu halten. Es ist eine Ehre, dass ich im Rahmen einer Veranstaltungsreihe sprechen darf, in der es um Hannah Arendt geht – und dann auch noch die Eröffnungsrede. Früher – zur Zeit Arendts, bin ich versucht zu sagen, aber jedenfalls in jenen finsteren Zeiten, als Rhetorik und Propaganda oft ein und dasselbe waren – konnte eine Rede oder, was die schriftliche Form davon ist, ein Essay, einiges bewirken. Arendts Buch über Eichmann führte – auch wenn oder gerade weil ihre Annahme der *Gedankenlosigkeit* in Bezug auf Eichmann nicht zutraf: Er wusste sehr genau, was er tat – zu einer Neuausrichtung der Faschismusstudien: von einem eher psychologischen zu einem strukturellen Ansatz. Und Hannah Arendt selbst verlor durch ihren Essay viele Freunde: Solche, die ihn richtig verstanden hatten und nicht einverstanden waren; und solche, die ihn absichtlich missverstanden.

Ich las etwa Arendts Briefwechsel mit Gershom Scholem in Vorbereitung auf diese Rede wieder. Ich glaube, Scholem gehört zur zweiten Gruppe, also zu jenen, die Arendt absichtlich missverstanden, fast so, als wäre Arendt nur der archimedische Punkt, an dem sich Scholems Unmöglichkeit zeigte, den deutschen Völkermördern zu verzeihen. Denn das Problem, das Scholem mit Arendts Analyse hatte, war nur am Rand ihr ironischer Ton oder ihre berühmte Kritik der Judenräte. Gershom Scholems Problem war eines der Theodizee: in einer Welt zu leben, die nach Auschwitz einfach weiterging, weiterdebattierte, weiterbestand – das war ihm, wie er schrieb, moralisch unmöglich, und ich würde hinzufügen: existenziell unmöglich. Als ihm einige Jahre später der *Ordre pour le Mérite* der Bundesrepublik Deutschland verliehen wurde, schrieb er: »Ich werde also den goldenen statt des gelben Flecks auf der Brust tragen.«

Er verstand, dass die Deutschen in die Gemeinschaft der Völker zurückgekehrt waren und ihre Schuld, ihre unverzeihliche Schuld auf dem besten Weg war, sich in ein erinnerungspolitisches Kapital zu verwandeln. Und wir verstehen, denken wir darüber nach, dass Scholem nur zynisch auf die Tatsache reagieren konnte, dass jenem, den man versäumt hatte zu ermorden, nun von den Rechtsnachfolgern seiner Mörder ein Orden verliehen wurde. Es erinnerte mich an eine andere Szene, zu dessen Zeuge ich einmal in Ruanda geworden war: ein Überlebender stand dort am Rand eines Dorffests, auf dem einer der Völkermörder, der gerade aus dem Gefängnis zurückgekehrt war, den Chor der Tänzer anführte, und er sagte mir: »Jetzt singt und tanzt er mit unseren Kindern, und gestern noch hat er versucht, sie zu töten.« Und was Arendt anging: Wie später Claude Lanzmann, der Regisseur von **Shoah**, es als grundsätzlich amoralisch empfand, dass jemand anderer als die Überlebenden über Auschwitz sprach, dass dieser Ort reproduziert würde, in Bildern oder Filmen, so lehnte es Scholem ab, könnte man sagen, den Täter Eichmann in seiner Gewöhnlichkeit und damit Menschlichkeit anzunehmen.

Und ich verstehe Scholem, ich denke, wir alle verstehen ihn: Die Welt und mit ihr die Sprache hätte verschwinden müssen nach Auschwitz, die Täter, unwürdig des aufrechten Gangs, hätten wieder zu

Tieren werden müssen, wie am Ende von Euripides' **Bakchen** die Thebaner, die den Gott, der ihnen erschienen war, nicht erkannt hatten und deshalb von ihm mit blinder Raserei gestraft wurden. Verdammt zu ewigem Umherirren, sprach- und geschichtslos, beraubt sogar des aufrechten Gangs. Wäre das besiegte Nazideutschland ein Theben, ein Troja, eine jener mythischen antiken Städte gewesen, die wir aus den Tragödien kennen: Wir alle würden (und ich zähle die Schweiz als ökonomisch mit Hitlerdeutschland verbündetes Land dazu) nicht über Hannah Arendt sprechen, sondern in Sklaverei leben, ausgestoßen für immer aus der Gemeinschaft der freien Bürger. Denn das radikal, oder mit Arendt: das extrem Böse ist unbeschreibbar, es ist unerklärbar und deshalb auch unentschuldbar. Es kann nur festgestellt werden, es kann nicht verarbeitet, es kann nur ausgestoßen werden aus der Geschichte der Menschen.

Meine Arbeit bringt es mit sich, dass ich in den letzten 10 Jahren so einige Völkermörder traf, in Ruanda, in Serbien, im Ostkongo, im Irak. Obwohl keiner von ihnen die Schuld eines Eichmann auf sich geladen hatte, waren doch einige von ihnen – etwa die Moderatoren des ruandischen *Radio des Mille*

Collines, das über Radiowellen den Völkermord an den Tutsi bis ins letzte Dorf trugen – mitschuldig am Tod Hunderttausender Menschen. Wie bei Eichmann sind die Verkettungen der Verantwortlichkeit in einer Weise unübersichtlich, dass in den meisten Fällen direkter Sadismus – Sadismus am Körper des Getöteten, wie es die Griechen so gern beschrieben, zum Beispiel der ganze erste Teil der **Orestie, Agamemnon**, ist ein Schwelgen in den Kriegsverbrechen in Troja –, dass also dieser Sadismus keine Rolle spielte. Doch jeder dieser Mörder hatte, um noch einmal Gershom Scholem zu zitieren, »das Böse sehr genossen, solange noch etwas zu genießen war.« Sie waren, wie Eichmann, erst zu den banalen Langweilern geworden, denen ihre Richter und Hannah Arendt gegenübersaßen, als es darum ging, die Folgen ihrer Taten so minimal wie möglich zu gestalten, im Fall von Eichmann: das Todesurteil zu verhindern. Und gegen das Argument, dass sie in einem Rechtsraum *böse* gewesen waren, in dem das Böse tatsächlich das Normale und Geforderte war – Eichmann sprach in seinem Schlusswort nietzscheanisch von der »staatlicherseits vorgeschriebenen Umwertung aller Werte« –, sprach schon die exponierte und exzessive Rolle, die sie in diesem Zusammenhang eingenommen hatten.

Sie können sich also vorstellen, wie nervös ich war, als ich vor ziemlich genau 10 Jahren zum ersten Mal Valérie Bemeriki im Zentralgefängnis von Kigali traf, eine Frau, die zwei Generationen von Ruandern als die Verkörperung des Monströsen gilt. Sie ist eine fast mythische Figur, eine Hexe wie aus einem Grimmschen Märchen. Nur eben sehr real: Valérie Bemeriki war (und ist bis heute) die erste und einzige Radiosprecherin, die wegen Völkermords verurteilt worden ist, in ihrem Fall zu lebenslänglichem Gefängnis. Im Vorfeld hatte ich mir einige der Aufzeichnungen von Bemerikis Radioshows angehört: Bemeriki liebte es, ihre Mordaufrufe und das Verlesen von Opferlisten mit Scherzen zu pfeffern.

Wie Eichmann wusste sie sehr genau, was sie tat, und sie tat es mit Genuss – so rief sie zum Beispiel immer wieder dazu auf, Frauen vor ihrer Ermordung zu vergewaltigen, am liebsten zu Tode zu vergewaltigen, ja, das war gewissermaßen ihr Markenzeichen. Als ich sie jedoch in Kigali traf, erging es mir wie 50 Jahre zuvor Hannah Arendt in Jerusalem: Bemeriki war kein Monster, sondern eine kleingewachsene, sympathische Dame, die meine Großmutter hätte sein können. Was an ihr ungewöhnlich war, jedenfalls konnte ich mich von diesem Eindruck bis zum Ende nicht befreien, war ihre Gewöhnlichkeit. Jedes Mal, wenn ich den Film, der über dieses Projekt gedreht wurde – es heißt passenderweise **Hate Radio** – in einem Seminar läuft, schaue ich woandershin, wenn es zur Szene mit einem meiner Besuche in Bemerikis Zelle kommt: Man sieht darauf, wie wir uns Fotos anschauen, wie ich mir Bemerikis Klagen über den Alltag anhöre, wie wir Kaffee trinken. Am Ende lachen wir und ich lege ihr die Hand auf die Schulter.

Der Vorteil und zugleich der Nachteil, den Arendt gegenüber uns hatte, war der, Eichmann tatsächlich zu treffen – nur im falschen Moment. Und es ist natürlich genau der Vorteil, beziehungsweise der Nachteil, den ich in Bezug auf den Genozid an den ruandischen Tutsi habe: Bemeriki (und einigen anderen Völkermördern) wirklich gegenüber gesessen zu sein. Denn was tun mit dieser Erfahrung? Eine Begegnung mit Menschen ist immer nur menschlich, nie dämonisch, das kann man ohne jede Theorie verstehen. Hannah Arendt schrieb über Eichmann, dass er sich »niemals vorstellte, was er eigentlich anstellte«, und das gilt natürlich genauso für sie, Eichmanns Besucherin, oder für mich, der mit Bemeriki Kaffee trinkt und lacht. Was tue ich eigentlich, wenn ich mich mit Völkermördern treffe? Warum lasse ich mich fast augenblicklich von ihrer Gewöhnlichkeit bezwingen? Wenn man diese Frage, in aller Kürze, zu Ende denkt, so könnte man sagen – und das ist natürlich Arendts Argument: Widerstand gegen die Banalität des Bösen, Protest oder Widerstand gegen das banale Mitläufertum, bei welchem Verbrechen auch immer, ist in erster Linie eine Frage der Vorstellungskraft. Und wenn ich hier diesen schönen Kantischen Begriff verwende, so meine ich nicht ein intellektuelles Verstehen, sondern tatsächlich so altertümliche Dinge wie Identifikation, Einfühlung, Mitleid. Eben so etwas wie konkrete, szenische Phantasie.

Das Böse, sagte Arendt, braucht keine Phantasie, und deshalb hat es auch keine Tiefe. Eichmann stellte sich nicht vor, was seinen Opfern geschah, er stellte sich auch nicht vor, was er eigentlich tat, er war gleichsam abgetrennt von seinen Taten. Als ich mit Valérie Bemeriki sprach, mangelte es ihr nicht an Verständnis für ihre Fehler, nicht an Einsicht – es war ihr schlicht unmöglich, die völkermordende Bemeriki mit der kaffeetrinkenden Bemeriki in irgendeine Beziehung zu bringen. Sie empfand mit ihren Opfern keine Sympathie, weil sie auch mit der *bösen* Bemerike keine empfand: »Ich habe doch alles gestanden, warum verzeiht man mir nicht?«, fragte sie mich einmal, als würde es sich um eine mathematische Transaktion zwischen zwei virtuellen Mengen, den Tätern und den Opfern handeln. Ja, es mangelt dem Bösen an Phantasie, an Konkretheit. Das Gute jedoch, sagte Arendt, braucht Phantasie, vor allem aber braucht es das, was jeder Völkermord zu verhindern versucht: Begegnung, Konkretheit, Solidarität zwischen Menschen, die in die gleiche historische Situation gestoßen sind.

Es gibt eine Anti-Eichmannsche Figur, und zwar jene Mutter, von der Astrid Lindgren in ihrer Rede 1978 anlässlich der Verleihung des Friedenspreises des Deutschen Buchhandels spricht. Lindgren sagte damals, da war ich gerade geboren worden: »Ich möchte das erzählen, was mir einmal eine alte Dame berichtet hat. Sie war eine junge Mutter zu der Zeit, als man noch an diesen Bibelspruch glaubte, dieses *Wer die Rute schont, verdirbt den Knaben*. Im Grunde ihres Herzens glaubte sie wohl gar nicht daran, aber eines Tages hatte ihr kleiner Sohn etwas getan, wofür er ihrer Meinung nach eine Tracht Prügel verdient hatte, die erste in seinem Leben. Sie trug ihm auf, in den Garten zu gehen und selbst nach einem Stock zu suchen, den er ihr dann bringen sollte. Der kleine Junge ging und blieb lange fort. Schließlich kam er weinend zurück und sagte: »Ich habe keinen Stock finden können, aber hier hast du einen Stein, den kannst du ja nach mir werfen.« Da aber fing auch die Mutter an zu weinen, denn plötzlich sah sie alles mit den Augen des Kindes. Das Kind musste gedacht haben, »meine Mutter will mir wirklich weh tun, und das kann sie ja auch mit einem Stein.«

Auch im ruandischen Völkermord war das eine klassische Methode: das Opfer die Waffe, mit der es getötet werden sollte, selbst suchen oder wählen zu lassen. Und natürlich ist das mehr als eine Geschichte von Astrid Lindgren, es ist eine fast biblische Metapher für den Ursprung der Revolte, in diesem Fall einer Revolte gegen die, ja, bösen Erziehungsmethoden einer glücklicherweise längst vergangenen Zeit: die Revolte eines Täters und eines Opfers, einer Mutter und ihres Sohns, die, was vielleicht die grundsätzlichste Erfahrung institutioneller Gewalt ist, einander bei aller Nähe unkonkret waren, *Mutter* und *Sohn* in Anführungszeichen, so unkonkret, dass die Mutter für die reale Gewalt einer Tracht Prügel keine Vorstellung hatte, es war ja nur eine Erziehungsmethode, ein Teil in einem Plan, den sie sich nicht selbst ausgedacht hatte. Der Protest oder der Widerstand, den ich hier meine, ist also ein Aufruf, die Dinge konkret zu sehen, und vielleicht habe ich als Theatermacher, der konkretesten aller Künste – man nennt sie auch die darstellende Kunst –, einen kleinen Vorteil: Theater ist eine Kunst der Körper, der Begegnung, der Präsenz. Es ist schlichtweg unmöglich, Theater zu machen, das sich von diesen Grundlagen des humanen *In der Welt-Seins* emanzipieren würde.

Ich will also im Folgenden von einigen solche konkreten Erfahrungen erzählen und wie sie, meines Erachtens, Anstöße zu einer Theorie des Protests und des Widerstands sein können. Es sind kleine und sicher zufällige Lektionen in der Schule des Schreckens und der Solidarität, wie ich sie mit meinem Team in immer neuen Zusammenhängen, in Theatersälen oder wo auch immer ins Leben zu rufen versuche: in ganz Europa, in Afrika, in Lateinamerika, in unserer heutigen Welt, über 70 Jahre nach Ende des Zweiten Weltkriegs. Denn was Arendt über Eichmann schrieb – oder etwas philosophischer: über das Böse und wie es in die Welt kommt –, mag auf das Funktionieren des klassischen Holocausttäters zutreffen oder eben nicht, wie Gershom Scholem meinte. Es trifft aber sicherlich auf jene Situation zu, in der wir uns heute befinden, und die üblicherweise als *postideologisch* bezeichnet wird: auf ein Handeln, das auf geisterhafte Weise von jeder Verantwortlichkeit abgekoppelt scheint; auf Zusammenhänge globaler und irreversibler Vernichtung, in die wir in tatsächlich *extremer* Phantasielosigkeit verwickelt sind. Kurz gesagt: Es fehlt uns, vielleicht mehr noch als früheren Generationen, an Erfahrungsmöglichkeiten dessen, was wir tun, an einem Verständnis dafür, warum wir fast besessen am Untergang dieses Planeten arbeiten – und wie wir, vielleicht, gemeinsam etwas dagegen tun können.

Erstens: Die Dinge geschehen tatsächlich

Das bekannte Argument, das Mitläufer, so groß oder klein sie sein mögen, immer als erstes vorbringen, ist: Man hätte es damals, als die schrecklichen Dinge geschahen, nicht gewusst. Man hätte die eigentliche Realität und das eigentliche Ausmaß der Sache, an der sie beteiligt waren, vor ihnen verheimlicht, ja: man hätte es mit anderen, positiveren Worten belegt. Nun ist es jedoch gerade die Logik von Massenverbrechen, dass sie angekündigt und benannt werden, und nicht ganz zufällig besteht die Definition eines Genozids, wie sie etwa am Den Haager Tribunal zur Anwendung kommt, darin, dass es einen nachweisbaren *Plan* gab. Der Genozid an den europäischen Juden, an den Tutsis Ruandas oder aktuell an ganzen Völkerstämmen im Ostkongo, jene Verbrechen also, in deren Herzen etwas Unvernünftiges und Unerklärliches bleibt, die man nicht versteht, nicht begreift, solange man auch darüber nachdenkt: Sie waren alle angekündigt und bekannt, und gerade weil sie angekündigt waren, weil sie schon, bevor sie geschahen, beschreibbar waren, glaubte niemand daran, dass sie tatsächlich geschehen würden, wie man eben an Geschriebenes nicht glaubt.

So wird immer wieder darauf hingewiesen, dass alles, was Hitler und seine Armeen in den 1940-er Jahren umsetzten, bereits in den 1920-er Jahren genau ausformuliert und käuflich zu erwerben war: in Hitlers etwas wirrem Kompendium **Mein Kampf**, das an Explizitheit nichts zu wünschen übrigließ. Wie das Possessivpronomen im Titel klarmacht – es hieß nicht *unser* oder *der* Kampf, sondern *mein* Kampf –, war Hitler sogar so ehrlich, in dem Buch die pathologische Verfasstheit seiner politischen Überzeugungen auszubreiten. Die ersten Kapitel von **Mein Kampf** sind eine Auflistung von beruflichen Niederlagen, ein Panorama umfassenden Losertums, von der Jahrhundertwende über den Ersten Weltkrieg bis zum komödienhaften Marsch auf die Feldherrenhalle. Doch gerade das perverse, zwanghafte Herausposaunen umgab die Pläne Hitlers mit einem Dunst aus Unechtheit, und sogar zehn Jahre später, als Hitler tatsächlich Reichskanzler wurde, wirkte dieser Vorgang derart phantasmagorisch, ja irgendwie unernst und theaterhaft, dass es unmöglich von Dauer sein konnte. Man gab Hitler eine Woche, einen Monat, schließlich ein Jahr, so unwahrscheinlich war es, dass dieser Mann tatsächlich einen Staat lenkte. Aber wenn es etwas zur Ermordung der europäischen Juden zu sagen gibt, dann ist es dies: Es wurde umfassend angekündigt.

Doch verlassen wir für einmal die 1930-er Jahre, und lassen wir, was die diskursive Nachfolgeregelung Hitlers angeht, auch Trump, Putin, Erdogan und die AfD beiseite. Vermutlich haben einige von Ihnen gehört, dass ein Journalist vor einigen Tagen in der saudischen Botschaft mit einer Säge in Einzelteile zerlegt wurde – unter den Augen der Vertreter des saudischen Staates, welcher der wichtigste Verbündete Deutschlands im Nahen Osten ist. Vermutlich wissen Sie, dass der syrische Präsident Assad, der gerade den Bürgerkrieg in seinem Heimatland gewinnt, über 100 000 Menschen zu Tode hat foltern lassen. Berühmt sind seine Sondereinheiten unter anderem dafür, dass sie Frauen in eroberten Städten Ratten in die Vagina einführen und diese dann zunähen, worauf die Opfer von innen aufgefressen werden und verbluten – bei Männern tun sie das gleiche, indem sie die Bauchhöhle öffnen. Sie alle kennen diese Dinge, täglich sehen wir Bilder davon – auf seltsame Weise verstehen wir sie aber nicht. Sie scheinen uns so unernst wie den Zeitgenossen Hitlers dessen Ankündigung, dass die Juden den Zweiten Weltkrieg nicht überleben würden. Und obwohl wir im Gegensatz zu damals über Bilder verfügen, Filme, über Tausende von Flüchtlingen, die alle dasselbe erzählen, protestieren wir nicht. Denn es ist, als wären wir davon nicht gemeint, als würde es sich um Bilder aus einem anderen Zeitalter handeln. Nicht um menschliche Körper, sondern gleichsam um anatomische Skizzen von Insekten.

1943 hatte Hannah Arend in ihrem Text **We Refugees** (dt.: **Wir Flüchtlinge**, 1986) im Hinblick auf die Ereignisse in dem von Hitlerdeutschland besetzten Europa geschrieben: »Die Hölle ist keine religiöse Vorstellung mehr und kein Phantasiegebilde, sondern so wirklich wie Häuser, Steine und Bäume.« Nur war für die Leser in den USA Deutschland oder Osteuropa damals, als in Auschwitz oder Dachau Frauen, Männer und Kinder erstickt, von Hunden zerrissen und lebendig begraben wurden, sehr weit weg: ein Land, das sie nur aus den Märchen der Gebrüder Grimm kannten. Mein Großvater, ein italienischstämmiger Schweizer namens Dino Larese und übrigens ein Biograph und vielleicht sogar ein Freund von Martin Heideggers, pflegte – ich schreibe in meinem Buch **Althussers Hände** darüber – in den letzten Kriegsjahren vom Kirchturm des am Bodensee gelegenen Städtchens Amriswil auf das bombardierte Deutschland hinüberzuspähen. Die Friedrichshafener, erzählte er mir, fuhren mit Booten auf den See hinaus, um vor dem Feuer zu fliehen, und sie legten sich noch in den Booten auf den Boden, um vor Splittern und der Hitze geschützt zu sein – oder vielleicht auch einfach nur, um etwas Schlaf zu finden. Das Entscheidende ist aber: Obwohl mein Großvater diese Menschen kannte, einige davon liebte (seine Tochter, meine Mutter, sollte später den Sohn eines deutschen Flüchtlings heiraten, weshalb ich nicht Larese heiße, sondern den deutschen Namen Rau trage), obwohl diese Menschen also die Nachbarn meines Großvaters waren, reichte der Bodensee aus, sie ihm zu unendlich entfernten Anschauungsobjekten zu machen, deren Schreie gewissermaßen aus dem Mittelalter kamen. Was diesen Menschen Böses widerfuhr, das war etwa so wie das Böse, das den Menschen auf den Bildern von Bosch oder Breughel widerfährt. Und indem mein Großvater, wie Tausende andere Soldaten, den Handelsplatz Schweiz und die Alpenpässe vor jeder Bombardierung durch die Alliierten schützte, obwohl er die italienischen Faschisten hasste, ermöglichte er das Überleben des Dritten Reichs bis zu seinem Ende. Seine Absichten waren gut, sein Blick war mitleidig – aber das Resultat seiner Handlungen war, nun ja: böse.

Doch nicht nur die Distanz im Raum, nicht nur die Distanz zur Vergangenheit entfremdet uns gleichsam von dem, was geschieht: Genauso verhält es sich mit unserer nächsten Gegenwart und Zukunft. Wie leidenschaftslose Dandys beobachten wir momentan das langsame Absinken der westlichen Zivilisation ins Chaos. In einer fast genial zu nennenden Mischung aus geistiger und Herzens-Dummheit schauen wir zu, wie fast alles, was wir lieben, ins Feuer stürzt. Jährlich verschwinden Tausende von Tiersorten, und was die Menschheit angeht, so grenzt das, was wir unseren Kindern zumuten, an einen geplanten Genozid. Künftige Generationen von Deutschen, Schweizern, Europäern werden in einem Haus in Flammen leben, umgeben von einem Garten, der zu trocken oder überschwemmt ist, um darin überhaupt noch leben zu können. Ein grässlich stiller Garten übrigens, ohne das Geräusch von Insekten und Bienen, und was Europa angeht: ein Garten, der umzäunt ist mit Stacheldraht.

Das Interessanteste daran aber ist: Es kann überhaupt keinen Zweifel geben, dass dem so ist, auch wenn meine Zusammenfassung natürlich ein bisschen gerafft und dadurch sehr apokalyptisch ist. Die Zeit, als die betreffenden Studien angezweifelt wurden, die Zeit der Leugner des Klimawandels ist genauso vorbei wie die Zeit der Holocaustleugner – heute verdrängen wir nur noch. Denn wie kommt es sonst, dass wir nicht im Kreis rennen vor Verzweiflung, weil wir unsere Kinder einer geradezu alptraumhaften Welt aussetzen? Und das ist die erste Lektion in einer Kunst des Widerstands: Seine eigene Zeit gleichsam aus dem Alltag zu befreien, sie faktisch und damit *historisch* zu betrachten, aus der Zukunft, die ja bekannt und beschrieben ist, mit dem rückwärtsgewandten Blick des »Engels der Geschichte«, wie Paul Klee ihn gemalt und Walter Benjamin ihn beschrieben hat, »die Augen geweitet vor Schreck«.

Protest heißt, die eigene Zeit nicht mitleidig oder liebevoll, sondern katastrophisch und unverhüllt, also zynisch zu betrachten. Denn der Zyniker unterliegt, wie man weiß, dem Zwang, die Wahrheit zu sagen. Anders ausgedrückt: Der Zyniker verfügt nicht über die beachtliche Verdrängungsleistung, der es bedarf, das eine zu sehen, etwas anderes zu tun und sich etwas Drittes dabei zu denken. Oder mit Erich Kästners Worten: »Das Gegenteil von gut ist nicht böse, sondern gut gemeint.« Kein Nationalsozialismus ohne Schweizer Neutralität, kein Syrien und kein Saudi-Arabien ohne EU, oder anders ausgedrückt: Der banale Faschismus unserer Zeit liegt – wenn man *Faschismus* als so oder so ideologisch überhöhte Praxis des Ausschlusses definiert, der einer zufällig ausgewählten Gruppe in einer Krisen- oder Kriegssituation das Überleben sichert – nicht im sittlich verwerflichen Verhalten irgendwelcher Eichmanns oder anderer Sadisten innerhalb dieser Gruppe. Es liegt nicht in Symbolen, nicht in Worten, kurz: nicht darin, wie die faschistisch agierende Gruppe sich selbst oder die eigene Vergangenheit beschreibt. Sondern in der Art und Weise, wie diese Gruppe sich weigert, für ihr aktuelles Tun eine Phantasie zu entwickeln.

Und das ist deshalb wie gesagt die erste Lektion in einer Kunst des Widerstands: das konsequente Entwickeln einer Phantasie (oder schlicht Ehrlichkeit) in Bezug auf die Gegenwart, darüber hinaus aber auch eine prospektiv-utopische Phantasie in Bezug auf alternative Handlungsmöglichkeiten. Denn für das Böse – um noch einmal meinen Lieblingssatz von Hannah Arendt zu wiederholen – braucht man keine Phantasie, für das Gute jedoch schon. Was wir also brauchen, ist Phantasieforschung im großen Stil. Oder anders ausgedrückt: Es reicht nicht, sich die Boshaftigkeit Assads, Eichmanns, der AfD vor Augen zu führen. Es reicht nicht, die Prognosen für den Klimawandel in, sagen wir, 50 Jahren zu kennen.

Was wir brauchen, ist Arbeit an den Real-Utopien des Guten, und zwar ganz praktische Arbeit, gemäß dem Satz von Erich Kästner: »Es gibt nichts Gutes, außer man tut es.« Wir müssen uns fragen: Was wollen wir von der gegenwärtigen Gesellschaft behalten und was muss dringend verändert werden? Und dann müssen wir anfangen, das umzusetzen.

Zweitens: Es gibt keine großen Frauen und keine großen Männer

Etwas, was mich persönlich an den großen Frauen und den großen Männern immer verwirrt hat: Sie sind gar nicht groß. Ich weiß noch, als ich Max Frisch zum ersten Mal im Fernsehen sah: ein klein gewachsener Mann mit riesiger Brille und einem absurden Dialekt. Genauso erging es mir mit Marguerite Duras, mit Patricia Highsmith, mit Friedrich Dürrenmatt: alles Enttäuschungen. Und diese Enttäuschung wiederholte sich in der Folge noch oft, etwa als ich kürzlich in einer Ausgabe von Arendts Eichmann- Buch ein Bild von Anton Schmid sah. Schmid sieht aus wie der klassische Kleinbürger, Schnäuzer, Krawatte und Seitenscheitel, vor dem Krieg war er Installateur und im Krieg dann Feldwebel, hierarchietechnisch eine der tristesten Stellungen im Militär, da weder Soldat noch wirklich Offizier. In dieser Funktion aber rettete Schmid im Krieg mehr als 300 Juden das Leben, bevor er dafür hingerichtet wurde. Hannah Arendt schrieb zu ihm:

»Die Lehre solcher Geschichten ist einfach, ein jeder kann sie verstehen. Sie lautet, politisch gesprochen, dass unter Bedingungen des Terrors die meisten sich fügen, einige aber nicht.«

Vergangenen Monat, als ich mehr Arendt las als üblich – und viele ihrer Texte überhaupt zum ersten Mal –, um mich auf diesen Kongress vorzubereiten, geschah eine erfreuliche und eine traurige Sache. Die schöne Sache zuerst: An Denis Mukwege, Gynäkologe in Bukava, eine Großstadt im Ostkongo, wurde der Friedensnobelpreis verliehen. Ich erinnere mich gut, wie ich Doktor Mukwege zum ersten Mal traf. Es war früh am Morgen, so früh, dass es sogar in Zentralafrika, wo die Sonne regelmäßig um sechs Uhr früh aufgeht, noch dunkel war. Natürlich hatte ich schon oft von Mukwege gehört, denn er war schon seit vielen Jahren eine Art Mythos, und zwei Freunde von mir – der Regisseur Thierry Michel und die Journalistin Colette Braeckman – drehten damals einen Dokumentarfilm über ihn.

Wenn man Mukwege treffen wollte – und das wollte ich öfters, da ich nicht weit von seiner Klinik am **Kongo Tribunal** arbeitete, eines Volkstribunals gegen einige der Verantwortlichen im kongolesischen Bürgerkrieg wegen, das ich zwischen 2014 und 2017 durchführte – musste das jeweils um 6 Uhr früh geschehen, denn anschließend arbeitete er bis zum Einbruch der Nacht. Zuletzt traf ich ihn im vergangenen Sommer, als wir in einer Kirche über den damals fertig gedrehten Film zum **Kongo Tribunal** diskutierten. Mukwege wurde von Blauhelmen begleitet, kurz vor unserer Diskussion war ein Anschlag auf sein Haus verübt worden. Obwohl kein zweiter Arzt in dem Land, in dem jährlich Hunderttausende von Frauen vergewaltigt werden, soviel Gutes getan hat wie er, wird er von vielen gehasst: Seine Energie und sein Wunsch, die Welt zu verbessern, können sich viele nur mit persönlicher Gier erklären.

Nun ja, nun hat er den Nobelpreis bekommen, niemand hatte ihn auf dem Schirm, im Gegensatz zu so absurden Kandidaten wie Donald Trump oder Kim Jong Un. Mukwege ist ein Mann wie aus einem alten Buch: Einer, der seine Arbeit tut, weil sie getan werden muss – eine Arbeit, die unsäglich anstrengend und gefährlich ist. Doktor Mukwege hat seine Wissenschaft nicht revolutioniert, er hat den Bürgerkrieg im Ostkongo nicht gelöst, und als Erscheinung ist er eher unscheinbar, kein schöner oder besonders rhetorisch begabter Mann. Aber er ist ein Held unserer Zeit, und wie der Feldwebel Schmid ist er einer, der alltäglich mit seinen Taten gegen das Böse protestiert – auch wenn er pro Tag nur zwei oder drei oder fünf Frauen behandeln kann, eine Handvoll von wie gesagt Hunderttausenden. Aber »menschlich gesprochen«, so Arendt zu Schmid und damit zu Mukwege, »ist mehr nicht vonnöten und kann vernünftigerweise mehr nicht verlangt werden, damit dieser Planet ein Ort bleibt, wo Menschen wohnen können.«

Die andere Person, von der ich Ihnen gern kurz berichten will, heißt Solange Lusiku. Diese Geschichte ist trauriger, denn Lusiku, Chefredakteurin der einzigen unabhängigen Zeitung des Ostkongo – passenderweise *Le Souverain* genannt – ist vergangene Woche gestorben. Im Rahmen des **Kongo Tribunal** hatte sie mehrere investigative Nummern ihrer Zeitschrift veröffentlicht, eine führte zur Entlassung des Gouverneurs, eine andere zur Entlassung von zwei Ministern. Sie war das Gegenteil von dem, was Arendt *gedankenlos* nannte: Sie durchdachte alles, bis sie eine für sich richtige Lösung gefunden hatte, und danach handelte sie. Im Ostkongo, wo es keine einzige Druckmaschine gibt, bedeutet das Herausgeben einer Zeitung ständige Lebensgefahr, und tatsächlich ist unsicher, woran Solange Lusiku, wie

Doktor Mukwege ein unauffälliger Mensch, Mutter von 7 Kindern, eigentlich gestorben ist.

Jetzt, da ich spreche, wird sie gerade begraben – vor allem aber zeigt ihr Leben, wie auch das Leben von Doktor Mukwege: Selbst in einer Situation, in der das Böse alles durchdringt, besteht die Möglichkeit, sich handelnd dagegen aufzulehnen, auch wenn man diesen Protest mit dem Leben bezahlt. Denn das Böse ist nicht tief, vor allem aber ist es nicht zwingend, es ist nicht *nötig*, was auch immer behauptet werden mag. Und deshalb kann es vom Geringsten unter uns negiert werden, wo sie oder er auch gerade stehen mag.

Drittens: There is no such thing as society

So etwas wie Gesellschaft gibt es nicht, das ist bekanntlich ein Zitat von Margaret Thatcher. Es ist eines der berühmtesten Zitate überhaupt: die Flagge, unter der der Liberalismus ins neoliberale Abendrot ritt, der Slogan zur Auflösung des Sozialstaats. Es mag ein bisschen seltsam sein, dieses in seiner Banalität ebenfalls sehr folgenreiche (oder sprechende) Zitat im Zusammenhang mit Arendt ins Spiel zu bringen. Aber tatsächlich träumte Arendt, wie viele Emigranten ihr Leben lang abwechselnd begeistert und enttäuscht vom amerikanischen Kommunitarismus, von einem Staat, der kein Staat wäre, sondern nichts weiter als eine Art institutionalisierte Selbstverwaltung der Bürger. Diese Vision eines nicht-essentialistischen Staates war inspiriert durch Arendts Totalitarismusstudien: denn ein Staat, der »utopische Ideale« aufstellte, so wie es fast alle europäischen Nationalstaaten getan hatten, würde »unweigerlich zu einer Zwangsherrschaft führen.«

Arendt war eine Denkerin der Moderne, alles Staatliche, Ideologische, das die Rechte des Einzelnen einschränkt, war ihr verdächtig – aus der Erfahrung des

Faschismus und des Stalinismus heraus. Zugleich prangerte sie, sehr unzeitgemäß, in den 1960-er Jahren das Verschwinden einer wahren politischen Verantwortlichkeit des Einzelnen an, die Regression des Politischen in eine identitäre Mischung aus Moralismus und Alarmismus, der wir immer noch ausgesetzt sind. Arendt war – um zwei naheliegende Strömungen zu nehmen – keine Feministin und auch keine Zionistin. Dass sie Jüdin und Frau war, spielte in ihrer politischen Theorie nur insofern eine Rolle, dass es sie zum Flüchtling und zur Liebenden machte, aber grundsätzlich war ihr Identitätspolitik genauso fremd wie ideologische Politik. There is no such thing like individuality, könnte man hinzufügen – jedenfalls nicht im politischen Raum.

Mit anderen Worten: Reine Erfahrung, reine Geprägtheit war Arendt im Bereich der Politik genauso unzureichend wie reine Meinung, reines Ideal, reine Institution. Gesellschaft – oder Gemeinschaft – war ihr deshalb etwas, das nicht irgendwie gegeben war, weder als ethnisches oder regionales Faktum noch als ideologisches Endziel, sondern das im Spannungsfeld der unterschiedlichen Geprägtheiten immer neu ausgehandelt werden musste. Für Arendt war jeder Mensch per Geburt eine unwiederholbare

Setzung, dessen Erscheinen die Welt insgesamt neu macht. Und dieser fast schon messianische Auftrag des Einzelnen ist das Befreiende an ihrer Philosophie: Es gibt keine Gesellschaft, es gibt auch keine Individuen, es gibt nur beides zugleich, nur Individuen, die sich in Gesellschaft begeben. Und umgekehrt gibt es kein *Ich*, es gibt nur Praxisformen, anhand derer ich mich im Umgang mit anderen selbst humanisiere. Kollektiver Widerstand, machtvoller Protest beruht meines Erachtens auf dieser Einsicht: There is no such thing as society, es gibt gar keine Gesellschaft. Alles ist von Menschen, von uns gemacht und kann deshalb auch anders gemacht werden. Jederzeit können wir uns zusammenschließen, zu kleineren oder zu grösseren Gruppen, Gegengesellschaften – und wie man 1968, wie man bei der Friedensbewegung oder im Hambacher Forst gesehen hat: Der sogenannte Staat, die sogenannte Gesellschaft, der nur aus seinen Bürgerinnen und Bürgern besteht, wird folgen.

Denn Gewaltlosigkeit, also das für die Zivilgesellschaft kennzeichnende Fehlen von Zwangsmitteln, schreibt Arendt in ihrer Studie **Macht und Gewalt**, ist nicht Machtlosigkeit. Macht kann an niemanden delegiert werden, schon gar nicht an den Staat.

Macht entsteht da, wo sich Menschen zusammentun und gemeinsam handeln. Die Zivilgesellschaft muss sich ihrer Macht nur bewusst werden, sie muss ihre Macht erfahren, und das ist der Grund, warum ich mit meinen Töchtern so oft wie möglich auf Demonstrationen gehe: um ihnen zu zeigen, dass es schlichtweg wahnsinnig und unnötig wäre, die Macht dem Staat, der Gesellschaft, dem System – oder wie man das auch immer nennen will – zu überlassen. Die Vorstellung, dass man nur die Fakten präsentieren muss, damit die Welt in Bewegung kommt, ist irreal. Aus Wissen resultiert keine Macht, sondern nur aus Erfahrung, aus kollektiver praktischer Erfahrung, aus kollektivem Widerstand, und sei es nur ein Kippa-Marsch oder der Marsch durch den Hambacher Forst.

Viertens: Protest ist nicht zwingend gut

Demokratie heißt, dass die Mehrheit entscheidet, oder wie Aristoteles so schön sagte: Wahr ist, woran die Mehrheit glaubt. Staatsrechtlich umformuliert heißt das, ich habe es bereits weiter oben als utopische Möglichkeit des Protests erwähnt: Unser Zusammenleben funktioniert so, wie wir beschließen, dass es funktionieren soll. Schon morgen könnten wir den Coltan- und Goldhandel mit dem Kongo verbieten und die Rohstofffirmen verpflichten, ihre Raffinerien nicht in der Schweiz, sondern im Kongo zu betreiben – womit die zwanzigfache Wertsteigerung nicht einigen GenferFinanzkapitalisten, sondern dem kongolesischen Volk zugutekäme. Schon morgen (oder immerhin nächstes Jahr) könnten wir alle Benzin- oder Dieselbetriebenen Autos verbieten. Die Demokratie ist die Herrschaftsform des institutionalisierten Protests, darin liegt Hoffnung, aber eben auch die Möglichkeit, dass sich das Undemokratische, das Undurchdachte, ja: das Böse per Wahlentscheid durchsetzt, so wie Hitler, Erdogan, Putin sich per Mehrheiten durchgesetzt haben (und, klar, mit Mithilfe korrupter Eliten und Großindustrieller, aber darauf gehen wir ein anderes Mal ein).

Das Problem der Demokratie ist also die Demokratie, oder noch simpler auf das Motto dieses Kongresses gemünzt: das Problem des Protestes ist der Protest selbst. Ich gebe Ihnen zwei Beispiele dafür: Aktuell findet in meiner Heimat, der Schweiz, ein Wahlkampf statt. Vielleicht haben Sie davon gehört, ich meine die sogenannte Selbstbestimmungsinitiative. Kurz zusammengefasst geht es bei der Initiative darum, dass die Schweizer Verfassung künftig im Rang über dem Völkerrecht stehen soll – ja, lassen Sie sich das auf der Zunge zergehen. Der Grund dafür ist, dass die im Jahr 2010 per Volksinitiative eingeführte *automatische Ausschaffung* von für eine Straftat verurteilte ausländische Staatsbürger – die in der Schweiz zwischen 25 und 30 Prozent der gemeldeten Wohnbevölkerung ausmachen – natürlich mit dem Völkerrecht unvereinbar ist. Oder einfacher ausgedrückt: Um den per Ausschaffungsinitiative bereits in die Verfassung der Schweiz geschriebenen Wunsch nach einer Apartheid-Gesellschaft, in der die Rechtsgleichheit zwischen Staatsbürgern und Nicht- Staatsbürgern aufgehoben ist, durchzusetzen, muss nun zusätzlich die Gültigkeit übernationaler Menschenrechte ausgesetzt werden. Das ist so absurd, dass es einen sprachlos macht. Und doch erwartet man Ende November eine knappe Entscheidung, aufgrund der sogenannten Protestwähler, und natürlich argumentieren die Mütter und Väter dieser Initiative mit der Stärkung der Demokratie, eben mit Selbstbestimmung.

Hannah Arendt hat die Absurdität solcher Vorgänge, zu dessen Opfer sie selbst wurde, in ihrem berühmten Text **Wir Flüchtlinge** und später in den **Ursprüngen totaler Herrschaft** beschrieben und am eigenen Leib erfahren: Universale Menschenrechte sind so lange ein bloßes Desiderat, wie es keine Institutionen gibt, die sie schützen. Nun leben wir natürlich, gerade in der EU, die ein wirres Gemisch aus nationalem und transnationalem Recht ist, in einem kafkaesken Gewirr aus Bestimmungen, in dem der Letztzuständige oft nicht lokalisierbar ist. Ähnlich wie im sprichwörtlichen Eichmannschen Aktengewirr ganze Züge an deportierten Menschen verschwanden, Flüchtlinge zwischen den Ländern herumgeschoben wurden, bis sie dann doch in Auschwitz landeten (mein deutscher Familienteil hatte das Glück, früh dran zu sein und schon in den 1930-er Jahren in die Schweiz zu emigrieren), ähnlich also dem faschistischen Europa braucht es oft gar keine Boshaftigkeit, damit Böses geschieht, sondern einfach nur unklare Zuständigkeiten. Ja, das

Böse ist manchmal einfach nur absurd, es ist *komisch*, wie Arendt in Bezug auf Eichmann sagte, die bei Lektüre der Prozessakten immer wieder laut lachen musste (noch etwas, das ihr Gershom Scholem zum Vorwurf machte). Oder mit einem neueren Beispiel: Als der Kapitän der *Lifeline* vor Gericht stand, weil er Flüchtlinge vor dem Ertrinken gerettet hatte, schrieb ein Bekannter von mir auf Facebook: »Jemanden anzuklagen, weil er Menschen vor dem Ertrinken gerettet hat, das ist ja, als würde man jemanden anklagen, weil er Menschen vor dem Ertrinken gerettet hat.«

Sie verstehen, worauf ich hinauswill: Das Böse braucht keinen Hitler, keinen Stechschritt, keinen irren Chirurgen, der Journalisten bei lebendigem Leib die Finger abschneidet oder Menschen Ratten implantiert. Es braucht keinen Mengele, keinen Assad. Es braucht im Grund nur eine Mehrheit, die ihre zufällig gerade vorhandenen Konsum- und Überlebensvorteile im allgemeinen Taumel, in dem sich unsere Welt befindet, als ihr demokratisches Recht betrachtet. Natürlich wissen die Menschen, die im November für eine Abschaffung des Völkerrechts und eine Ausschaffung ihrer Nachbarn stimmen werden – wie gesagt fast ein Drittel der Bewohner der Schweiz –, dass sie damit genau das wiederholen werden, was sie ab den späten 1930-er Jahren den Juden angetan haben: Menschen jenen Regimes auszuliefern, vor denen sie geflohen sind, aus wirtschaftlichen oder politischen Gründen. Aber eben: Vom Mister Bon Saw werden nicht wir zersägt, wenn wir einen kritischen Artikel schreiben, sondern die Saudis, die Iraker, die Iraner. Verhungern und in der Sonne verbrennen werden nicht die Schweizer und schon gar nicht die Norddeutschen, sondern die nordafrikanischen Staaten. Das Ende steht bevor, aber nur für die anderen.

Protest heißt also, auf Menschlichkeit zu bestehen, und Menschlichkeit meint immer: *alle* Menschen oder *kein Mensch*. Denn jede Form von Externalisierung, von Ausschluss, ist Faschismus und undemokratisch, das müssen wir uns vor Augen führen. Und dies ist auch der Grund, warum ich gemeinsam mit Robert Menasse und Ulrike Guérot und vielen anderen an einer Europäischen Republik und im Endeffekt an einer Weltrepublik arbeite. Denn Protest heißt, utopisch und universalistisch zu denken und zu handeln, sich mit den unmöglichsten Akteuren zu solidarisieren und ja, dafür Nachteile in Kauf zu nehmen. Protest ist Arbeit an der anderen, der humaneren, der vielleicht unpopuläreren Idee. Protest heißt also, Mehrheiten für Minderheiten zu schaffen und sich völlig ergebnisoffen die Frage zu stellen: Was wollen wir eigentlich behalten von der heutigen Gesellschaft? Und dann sollten wir versuchen, nicht gerade das wegzuwerfen, woran unsere Vorfahren über Jahrtausende gearbeitet haben (etwa die Menschenrechte), nur weil es in einer zufälligen historischen Situation einen kurzen Vorteil verschafft. Es gibt keinen Protest ohne Universalismus, ohne Emanzipation des Denkens von den Zufällen der privaten Erfahrung. Protest heißt, die Arbeitsteiligkeit des Bösen zu überwinden, sich eine Universallösung anzumaßen, sich zur Avantgarde aufzuschwingen: das Richtige zu tun, auch wenn es nicht das Bequeme, vielleicht nicht mal das im Moment Logische ist.

Protest ist deshalb oft minoritär. Änderungen werden durchgesetzt von einer Minderheit, von ein paar Menschen, die sich sagen: Probieren wir es mal. Der Präsident meines **Kongo Tribunals**, Jean-Louis Gilissen, ein Provinzanwalt aus Lüttich, ein Mann mit einem Schnauzer, der zufällig aussieht wie der oben genannte Feldwebel Schmid, hatte vor etwa zwanzig Jahren mit einigen Kollegen eine Idee: einen Internationalen Strafgerichtshof zu gründen. Damals erschien das völlig wahnsinnig – woher das Geld beschaffen, woher die Rechtsgrundlage nehmen, es gab ja gar kein internationales Recht? Aber nur drei Jahre, nachdem sie diese Idee auf einer Konferenz in Rom präsentiert hatten, hatten sie das Geld beisammen – eine Milliarde Euro –, hatten sie die Rechtsgrundlage geschaffen, begannen die Untersuchungen gegen die Verantwortlichen aus Serbien und Ruanda, und heute sitzen die serbischen und die ruandischen Völkermörder hinter Gittern. Oder ein anderes Beispiel, noch mal aus Belgien. Denn zufällig arbeite ich in Gent, und dort hat die sozialistische Regierung vor einigen Jahren gesagt: Lasst uns die Stadt autofrei machen. Sie haben es durchgesetzt, mit der Macht, die ihnen vom Wähler verliehen worden war, gegen die Widerstände fast aller Gruppierungen und Gruppen, der Kleinunternehmer natürlich, der Tourismusbetriebe und sogar des Genter Theaters, das ich seit ein paar Monaten leite.

Das ist zwei Jahre her, und obwohl man dem Experiment höchstens einen Monat gab, würde heute niemand mehr daran denken, die Entscheidung rückgängig zu machen. Es ist schlichtweg normal geworden. Und bin ich in einer anderen Stadt, so kommt es mir höchst unpraktisch und fast ein wenig wahnsinnig vor, wie man diese engen alten Städte überhaupt jemals für Autos hat öffnen können. So schnell wird aus Protest Alltag, aus einer verrückten Idee Tatsächlichkeit.

Fünftens: Protest bedarf der Großzügigkeit

Das vermutlich größte Problem der Aufklärung liegt darin, dass sie von klugen Menschen angetrieben wird, normalerweise von einer kleinen Avantgarde von einigen Prozent der Bevölkerung. Und kluge Menschen lieben es zu debattieren – oder mit anderen Worten: Recht zu behalten. Was auch immer man sagt und vorschlägt, die Kolleginnen und Kollegen stehen bereit, um einen misszuverstehen. Vielleicht bin ich deshalb so lange auf dem (einseitigen) Streit zwischen Gershom Scholem und Hannah Arendt herumgeritten, weil wohl jeder, der sich engagiert, diese Art des Streits kennt: Er ist auf eine untergründige Weise boshafter, erbitterter, weniger auf Ausgleich aus, als man es bei Gleichgesinnten eigentlich annehmen könnte.

Insofern appelliere ich, Lektion fünf in unserer kleinen Kunst des Widerstands: an Ihre, an unsere Großzügigkeit. Denn ich bin mir nicht ganz sicher, ob wir diese Lektion aus unserer Geschichte gelernt haben. Erinnern wir uns: Der Aufstieg des Nationalsozialismus, wie Arendt ihn erlebt habt, war nur möglich in einer bürgerlichen Gesellschaft, die sich selbst schwächte und demontierte, in einer politischen Szene, in der Minimaldissense zwischen, sagen wir, Sozialdemokraten, Linken und Liberalen letztlich den Sieg davon trugen über den tatsächlich wichtigen, epochalen Dissens zwischen demokratischer und totalitärer Gesellschaft, zwischen Pluralismus und Terror, zwischen Debatte und Völkermord. Das Problem ist natürlich, noch einmal, dass die Demokratie die Regierungsform des Protests ist – und damit eine Regierungsform der Instant-Wahrheiten, des Versuchs, der Meinung, des kollektiven Tryouts. Gesellschaftliche Veränderungen, egal ob im Sinne einer Revolution oder einer Reform, sind langfristige Prozesse mit offenem Ausgang. Da gibt es nur Voraussagen und Erfahrungswerte, Herzensgewissheiten, rationale und utopische Euphorie-Werte, aber keinen Garantieschein dafür, dass es am Ende funktioniert – so wie es diesen Garantieschein in allen geschichtsphilosophisch abgesicherten Systemen gibt, so imaginär oder metaphysisch er auch sein mag.

Deshalb, noch einmal: Protest heißt *Nein* zu sagen, aber ohne zu wissen, wie es ausgeht, und es ist gut möglich, was mich selbst angeht, dass die Vorschläge, die meine Mitarbeitenden und ich in den letzten Jahren gemacht haben, dass ein Weltwirtschaftsgerichtshof wie das **Kongo Tribunal**, ein Weltparlament wie die **General Assembly**, all diese auf Zeit gestellten Solidaritäten bloß unfertige Entwürfe sind, keine Lösungen, sondern eher Komplikationen.

Sechstens: Beginnen wir jetzt.

Die Zeit läuft mir davon, und wir wollen ja im Anschluss noch diskutieren. Und ich werde also so langsam zum Schluss kommen, mit der Frage: Wie beginnen? Sie alle kennen vermutlich das Problem, aus dem Studium oder aus ihrer Arbeit: Viele Aufgaben sind so groß und kompliziert, dass man sich gar nicht traut, damit anzufangen.

Ich erinnere mich, als ich, da war ich 19 Jahre alt, in Paris meine erste Seminararbeit schreiben sollte, es war – seltsamerweise, muss ich sagen – über den Begriff des Bösen in der Poesie von Baudelaire. Nun gibt es über keinen anderen Autor in der französischen Literaturwissenschaft vergleichbar viele Artikel und Bücher wie über Baudelaire, und das Wort *Böse* steht dummerweise im Titel des berühmtesten seiner Werke, den **Fleurs du Mal**, den **Blumen des Bösen**. Ich verbrachte einen Monat, dann zwei Monate in der Universitätsbibliothek, ich las am Ende an die sechzehn Stunden pro Tag, und natürlich hatte ich auch nach drei Monaten nicht einmal ein Prozent, vielleicht sogar nicht mal ein Promille aller Abhandlungen zum Begriff des *Bösen* bei Baudelaire gelesen. Gelähmt saß ich schließlich an meinem Schreibtisch, umgeben von Notizzetteln. Meine Gedanken rasten, aber mein Kopf war unfähig geworden, irgendetwas Sinnvolles mit dem angehäuften Wissen anzufangen.

Das wiederholte sich später bei jeder Arbeit, jeder Inszenierung, jedem Film – und vielleicht gilt das für unsere Zeit, die sogenannte Wissensgesellschaft insgesamt: dass wir zu viel wissen, um überhaupt noch ins Handeln zu kommen. Für die Filmfassung des **Kongo Tribunals** häufte ich über die Jahre an die 500 Stunden Filmmaterial an, und Sie können sich vorstellen, wie grässlich, fast unmöglich die Montage war. Und für diese Rede, für die ich nun vor Ihnen stehe, habe ich Bücher von und über Hannah Arendt gelesen – oder sie immerhin bei meiner Buchhandlung bestellt. Und natürlich wurde die Aufgabe, etwas über Arendt zu sagen, desto schwerer und unmöglicher, je länger und intensiver ich mich mit ihr beschäftigte. Es ist seltsam, nicht wahr: Wenn man nur genug über etwas weiß, dann geht es einem am Ende nichts mehr an, dann weiß man damit nichts mehr anzufangen. Oder mit Arendts Worten: Je mehr Gedanken ich mir machte, umso gedankenloser wurde ich.

So verschob sich, als ich in Paris über das Böse bei Baudelaire nachdachte, meine Konzentration immer weiter in die Ordnung und Verwaltung meiner Notizen hinein, an die Ränder der Bücher schrieb ich boshafte und herablassende Kommentare, während das, was auf meinen Notizzetteln stand (oder gar die Frage, *warum* ich gerade an *diesem* Thema arbeitete), sich immer weniger stellte. Wie auch immer: Ich schrieb die Arbeit am Ende in den drei Tagen vor dem Abgabetermin, unterstützt von meiner damaligen Freundin, die ein besseres Französisch schrieb als ich. Obwohl meine Überlegungen dem Wissensstand über Baudelaire natürlich nichts Relevantes hinzufügten, so erinnere ich mich doch bis heute an das Gefühl der Befreiung, an dieses ozeanische Gefühl der, ja, der Menschwerdung, das mich beim Schreiben, dann beim Drucken, schließlich beim Heften und Abgeben im Universitätsbüro durchströmte. Es war das gleiche Gefühl, das ich auf Demonstrationen, auf Proben, auf Drehs, während politischen oder Kunstaktionen erleben sollte: diese an Rausch grenzende Freude, gemeinsam etwas zu machen aus all unserem Wissensballast, plötzlich einen tätigen Ort zu haben in dieser unüberblickbaren Welt. »Es macht mehr Vergnügen, einen Turm zu sprengen, als ihn zu errichten«, hat Hans Magnus Enzensberger ganz richtig geschrieben. Aber noch schöner ist es, aus dem Nichts heraus einen Turm zu errichten, zusammen mit anderen Menschen, und zwar nicht wegen des Turms selbst, sondern weil im Errichten dieses Turms gewissermaßen die eigene Tatenlosigkeit zerstört wird, unser Wissen plötzlich fruchtbar wird, unsere Hände und Stimmen plötzlich mit traumwandlerischer Sicherheit verstehen, was zu tun und was zu sagen ist.

Denn es zählt nicht, was wir wissen, was wir gern tun würden oder wie wir selbst uns einschätzen. Im Grunde ist Wissen nur eine Voraussetzung für das Handeln, für Protest, oder anders ausgedrückt: Wissen haben wir sowieso immer genug. Es zählt nur, was wir damit tun. Insofern lautet Lektion sechs: Fangen wir einfach an – alles andere kommt dann schon.

Siebtens: Es ist von Belang

Keine Angst, das ist ein sehr kurzer und zudem der letzte Punkt. Wie Ihnen bekannt ist, bin ich Theatermacher. Das heißt: Meine Arbeit besteht darin, so zu tun, als wäre ein Raum – meistens Bühnen, oft aber auch andere Räume: im Fall des **Kongo Tribunals** waren das Gemeindesäle, manchmal spielen wir auch in Parlamenten –, als wären also diese Räume die Welt. So zu tun, als wäre das, was den Menschen (meistens sind es Schauspielerinnen und Schauspieler, oft aber auch Laien oder einfach Betroffene, Minenarbeiter, Politiker, Rebellen, Menschen wie Sie und ich, wie etwa im **Kongo Tribunal**), als wäre also das, was diesen gewöhnlichen Menschen auf dieser Fläche, die nicht grösser als ein kleineres Schwimmbad ist, zustößt, von existenzieller Bedeutung – von Menschen zudem, die oft nur so tun als ob, die spielen, dass ihnen etwas zustößt.

Das Theater ist also, so wie ich es verstehe, ein Ort des Tragischen, und zwar in dem Sinne, als es meines Erachtens drauf ankommt, was auf der Bühne geschieht, ja, dass es von fast erlösungsphilosophischem Belang ist, wie ein Fake-Tribunal wie das **Kongo Tribunal** oder ein Fake-Prozess wie die

Moskauer Prozesse ausgehen – als wäre der Mensch ein Ort der Freiheit, umlagert von Kräften, an denen er zerbrechen muss, als wäre all unser Leben nur Spiel und als könnte der Tod uns erst einholen, wenn wir zu spielen aufhören.

Der Zufall will es, dass ich zur gleichen Zeit, als ich mich mit Arendts Forschungen zum Bösen (und dem Widerstand dagegen) beschäftigte, gleichzeitig mit einer Gruppe von Studentinnen und Studenten ein Seminar zur griechischen Tragödie abhielt. Sie wissen schon: die **Bakchen** von Euripides, das in Theben spielt, wo – nicht unähnlich der heutigen Welt – die Menschen in Streit geraten, in Bürgerkrieg und am Ende zur Strafe in Tiere verwandelt werden. Oder die **Orestie** von Aischylos, die älteste Tragödien- Trilogie, die uns erhalten ist, die den unglaublich schmerzhaften Weg aus archaischer Gewalt in die Zivilisation, das Verzeihen des Unverzeihlichsten, nämlich des Muttermord zum Thema hat. Von Georges Steiner gibt es in seinem Buch **Der Tod der Tragödie** den schönen Satz, dass wir heute keine Tragödien mehr, sondern nur noch Dramen kennen würden – und dass eben der Unterschied einer Tragödie zu einem Drama, eines Euripides zu einem Ibsen sei, dass bei Ibsen mit ein wenig Hygiene und etwas mehr Frauenrechten alles in Ordnung käme, während es bei Euripides (und vielmehr noch bei Aischylos) eine grundsätzlich tragische Verfasstheit des Menschen gebe, ein Umlagert-Sein von dunklen Kräften, dem der Held am Ende zum Opfer fällt. Dass es Entscheidungen gibt, die, trifft man sie falsch (oder noch schlimmer: gar nicht), Konsequenzen von so weittragender Bedeutung haben, dass wir und die folgenden Generationen tatsächlich verdammt sind.

Ich habe zu Beginn gesagt, die Zeiten, in denen Reden nicht nur Geschwätz waren, seien vorbei. Aber ehrlich gesagt, das glaube ich nicht: Ich glaube, dass es in diesem Augenblick, in dem Tausende im Mittelmeer ertrinken, in dem wir uns auf einen Klimakollaps unbekannten Ausmaßes zubewegen, in dem wir dabei sind, die grundlegendsten Werte des Abendlands zur Disposition zu stellen – dass es in diesem Moment unserer Geschichte darauf ankommt, was wir sagen und was wir tun. Vielleicht ist dies also die wichtigste Lektion in der Kunst des Widerstands, und es ist eine tragische: Es kommt darauf an, was wir tun. Oder wie Jean-Louis Gilissen einmal, einer der Gründer des Internationalen Strafgerichtshofs von Den Haag und Vorsitzender des **Kongo Tribunal**, wie Herr Gilissen also in seinem Schlussplädoyer der Berliner Sitzungen des **Kongo Tribunals** sagte – er ist Franzose und liebt das Pathos: »Die Geschichte wird über uns urteilen, und es wird nicht die Geschichte Hegels sein. Nein, es werden unsere Kinder sein, die uns fragen werden: Wie konntet ihr so leben? Warum habt ihr nichts dagegen unternommen? Und es besteht die Gefahr, dass ihr Urteil sehr hart ausfällt. Ja, es ist möglich, dass sie uns nicht verzeihen können, auch wenn sie es versuchen werden, mit ganzem Herzen.«

Vielen Dank für Ihre Geduld.

Die Wahrheit der Verhältnisse

Von Milo Rau

Essay aus Anlass der Verleihung der Ehrendoktorwürde an Milo Rau durch die Universität Gent im März 2021.

Vergangenes Jahr drehten wir in Süditalien mit ehemaligen Darstellern der Jesus-Filme von Pier Paolo Pasolini und Mel Gibson sowie einem Cast aus italienischen Kleinbauern und afrikanischen Plantagenarbeitern und Aktivistinnen ein **Neues Evangelium**. In der Region um Matera, Drehort des Evangeliums nach Matthäus und der Passion Christi, stecken geschätzt um die 500 000 Flüchtlinge aus Afrika fest. Sie leben in Baracken oder behelfsmäßigen Zelten, können wegen der Dubliner Verträge weder vor noch zurück und müssen sich auf den Tomaten- und Orangenplantagen zu Niedrigstpreisen verdingen. Mit den Billigprodukten überschwemmen die Hersteller die Herkunftsstaaten der Flüchtlinge und zerstören die dortige Landwirtschaft: ein in seinem unerbittlichen Zynismus perfekter neoliberaler Wirtschaftskreislauf. Was wäre einleuchtender, als hier den sozialrevolutionären Mythos der Jesusbewegung ins 21. Jahrhundert zu holen?

Wenn wir also den Jesus-Darsteller unseres Neuen Evangeliums, den ehemaligen Plantagenarbeiter und heutigen Aktivisten Yvan Sagnet, durch die Lager begleiteten, um die Flüchtlinge zu Demonstrationen gegen ihre Illegalisierung aufzurufen, dann war das eine offene – und durchaus gefährliche – Revolte gegen die herrschenden Zustände. Denn die süditalienische Agrarindustrie wird beherrscht von der italienischen und nigerianischen Mafia, die wiederum mit den großen Nahrungsmittelkonzernen kooperieren. Die verschiedenen nationalen Flüchtlingsgruppen werden vom Staat und den Unternehmern gegeneinander ausgespielt. Sagnets Revolte aber bestand gerade darin, die verschiedenen betroffenen Gruppen in ihrem Kampf um Rechte und Würde zu vereinen: afrikanische und italienische Landarbeiter, Sexarbeiterinnen und klassische Gewerkschaften, Kleinbauern und international agierende NGOs.

Parallel zum Filmdreh führte die Revolte der Würde so unter anderem – vor allem auf Betreiben unserer Dramaturgin Eva-Maria Bertschy und Yvan Sagnets – zur Gründung der *Häuser der Würde*: bis anhin fünfzig der bisher obdachlosen und illegalen Darsteller des **Neuen Evangeliums** haben einen festen Wohnsitz und damit Papiere, bis Ende des Jahres sollen es 1350 sein. Wie ein paar Jahre zuvor das

Kongo Tribunal, in dessen Rahmen ein transnationaler Gerichtshof für Wirtschaftsverbrechen westlicher Firmen im Ostkongo entstand, ist **Das neue Evangelium** so mehr als ein Kunstprojekt, etwas anderes als ein Film: Es ist ein Akt ziviler Selbstermächtigung. Es schafft Lebens- und Aktionsräume, die im globalen Wirtschaftssystem nicht vorgesehen waren.

»Wo die Politik versagt, hilft nur die Kunst«, schrieb DIE ZEIT zum **Kongo Tribunal**. Denn es gibt paradoxerweise nur eine globale Wirtschaft, ein globales Klima, globale Informations- und Flüchtlingsströme. Eine globale Zivilgesellschaft oder gar eine globale Gesetzgebung aber gibt es nicht. Sie muss – von unserer Generation – geschaffen werden, projekthaft, utopisch, unfertig. Womit sich bei allen Projekten dieser Art – aktuell etwa bei Antigone im Amazonas, für die wir im brasilianischen Amazonas mit indigenen Aktivistinnen und der Landlosenbewegung zusammenarbeiten – die Frage stellt: Welche Nebenwirkungen bringt diese Selbstermächtigung für die Beteiligten mit sich? Birgt der sogenannte *globale Realismus* nicht die Gefahr in sich, dass die ohnehin bereits Ausgebeuteten, die Rechtlosen und ihrer Würde Beraubten im künstlerischen Überbau des globalen Kapitalismus einfach noch einmal in ihrer Rolle als Ausgebeutete wiederkehren? Ich denke, dieses Problem besteht tatsächlich. Ich denke, dass globale Solidarität oder Kunst mehr oder weniger daran gemessen werden sollten, wie sie mit diesen Widersprüchen umgehen: wie sie thematisiert, aber – was noch wichtiger ist – nicht in der Thematisierung und den damit verbundenen narzisstischen Überreaktionen (White Guilt etc.) stecken bleiben, sondern sie bei aller Widersprüchlichkeit versuchen zu bearbeiten. Ja, ich denke sogar, dass der Begriff der *Kunst*, wie wir Europäer ihn seit der Romantik verwenden, hier nicht mehr funktioniert – weshalb ich vor über zehn Jahren den Begriff der *Unst* vorschlug: eine *Kunst*, die nicht nur im Produkt, sondern vor allem auch im solidarischen Akt der Kunstproduktion selbst besteht. Oder anders ausgedrückt: In Wahrheit ist die Bezeichnung von Projekten wie **Das neue Evangelium** als Kunst im bürgerlichen Sinn – also als Einladung zu einem *Werk* oder einer *Ausstellung*, einer *Publikation* oder einer *Premiere* – bloß ein Trick, um einen Möglichkeitsraum für zivilgesellschaftliche Selbstermächtigung zu schaffen. Genauso entscheidend wie die Bilderpolitik des Films (ein schwarzer Jesus, weibliche Apostelinnen etc.) war uns beim **Neuen Evangelium**, dass eben nicht nur ein Film, eine Ausstellung, ein

Passionsspektakel und eine Politkampagne entstand, sondern dass die in Italien erste von Migranten selbst geführte Plantage unterstützt wurde (und weiterhin wird). Dass für die Teilnehmer am Projekt, die aktuell noch in Baracken leben, eine Reihe von Häusern ausgebaut wurden, dass sie selbst Papiere bekommen. Dass dieses **Neue Evangelium** ein – bei aller Begrenzung – revolutionäres Beispiel postkapitalistischer Landnahme ist, ein realpolitischer Entwurf, der die aktuell identitätspolitisch gegeneinander ausgespielten Konzepte von Migration und Heimat miteinander zu versöhnen versucht.

Und was auch immer davon gelingt und was scheitert: Ich glaube, globale Kunst öffnet Möglichkeitsräume, sie bringt das Entfernte, das scheinbar Unverbundene zusammen, in diesem Fall einen weißen europäisch-nahöstlichen Mythos und einen schwarzen Erlöser, Religion und Revolution, *weiche* Bilder- und *harte* Realpolitik. »Lieber gute Sozialarbeit als schlechte Kunst«, hat Matthias Lilienthal einmal gesagt; im globalen Realismus aber gehört ästhetische und soziale Fantasie zusammen, hierarchiefrei. Mnouchkine, Brecht, Schlingensief oder Beuys: Waren das Sozialrevolutionäre, Politikerinnen oder Künstler? Oder Simone de Beauvoir? Oder Che Guevara? Oder Pussy Riot? Sind das Selbstverwirklicherinnen oder Universalisten? Haben sie nicht beides vereint – und sich damit, wie Srecko Horvat in **Die Radikalität der Liebe** schreibt, in letztlich unauflösbare Widersprüche verwickelt?

Denn ein Effekt der Globalisierung ist es, dass Ursache und Folge von kriegerischer, ökonomischer, ökologischer oder auch einfach psychologischer Machtanwendung voneinander getrennt sind. Wir konsumieren Bilder und Rohstoffe, die in Weltgegenden produziert werden, die wir nicht kennen. Der Soziologe Stephan Lessenich hat in Bezug auf die europäischen Industrienationen von *Externalisierungsgesellschaften* gesprochen: Die sozialen und ökologischen Folgen unserer Lebensform werden nach Afrika, in den Nahen Osten oder in die Camps an der Peripherie Europas ausgelagert – wie in früheren Jahrhunderten in die düsteren Vorstädte. Der globale Realismus versucht nun, diese Externalisierungsleistung im Rahmen von Projekten umzudrehen. Ich glaube, bürgerliche Kunst, die – so avantgardistisch sie sein mag – immer identitäre Kunst bleibt, macht im globalen Kapitalismus keinen Sinn mehr, da es die Außenposition nicht mehr gibt. Erst wenn man scheinbar fremde, entfernte Konflikte als die eigenen begreift, begibt man sich auf die Ebene der globalen Kapital- und Bewusstseinsströme.

Jesus kehrt zurück nach Europa – aber er kommt aus Kamerun und seine Apostel sind Flüchtlinge, Land- und Sexarbeiterinnen, Anarchisten, Philosophinnen, aber eben auch Polizisten, einfache italienische Bürgerinnen, Schauspieler. Das Problem einer solcherart inklusiven und global gedachten Ästhetik ist natürlich, dass die in ein imperiales Außen ausgelagerten Probleme plötzlich zu internen und künstlerischen werden. Wo der Staat abwesend ist, ist man manchmal zur Zusammenarbeit mit lokalen mafiösen Machtstrukturen oder mit korrupten Eliten gezwungen, immerhin momentweise. Oder man mischt sich in interkulturelle Debatten ein, deren reales Gewaltpotenzial sich erst im Projekt selbst enthüllen (**Orestes in Mossul**). Kurzum: Arbeitet man außerhalb der sicheren Grenzen des westlichen Diskurses, so setzt man sich der Wahrheit der Verhältnisse aus. Es kehrt projektintern jene von Marx *in den Kolonien* lokalisierte *Nacktheit* des Kapitalismus wieder, auf welcher der westliche Wohlfahrtsstaat und damit unsere Demokratie gründen. Der globale Künstler wird, wie ich vor fünf Jahren auf der Tour der Filmfassung des ersten **Kongo Tribunals** durch den Ostkongo schrieb, zum *Kapitalist des Leidens*: Das System und die durch dieses System kontrollierte Empfindlichkeit ist stärker als die

Absicht, auch als die Tatsächlichkeit. Was immer man tut, es wird in überholte Systeme der Darstellung und der Wahrnehmung eingelesen. Denn globale Kunst geht grundsätzlich und methodisch *zu weit*.

Dies gilt – das ist jedenfalls unsere Erfahrung – vor allem für Statusunterschiede und Fragen der Identitätspolitik: externalisierte Widersprüche werden zu geteilten Widersprüchen, theoretische Debatten zu realen Problemen, *kalte* Tatsachen zu *heißen* Problemen. Es kommt zum Streit, aber eben auch – wenn man Streit dialektisch versteht – zu gegenseitigen Lern- und vor allem langfristigen Austauschprozessen. Global arbeiten heißt, im aktuellen System nicht vorgesehene Netze der theoretischen Debatte und der praktischen Solidarität zu schaffen. »Dies ist die einzige Kunst, die uns hilft«, sagte Yvan Sagnet auf einem Panel vor einigen Wochen zum **Neuen Evangelium** und der **Revolte der Würde**. Denn indem man in Gebieten »ohne kulturelle Infrastruktur« arbeitet – wie es im 9. Satz des *Genter Manifests* heißt – entstehen zwangsläufig *neue* kulturelle Infrastrukturen: wo es – wie im Ostkongo – schlichtweg keine Kameramänner oder keinen Theaterraum, wo es – wie im Irak – keine Auftrittsmöglichkeiten für weibliche oder gar queere Schauspieler gibt, müssen gemeinsam welche geschaffen werden.

Gerade weil man auf keine bestehenden Strukturen zurückgreifen kann, keinen Kanon und keinen Kodex hat – oder diese sogar brechen muss, um die nötigen Freiräume zu schaffen –, sind solche Projekte immer extrem zeit- und arbeitsintensiv. Die Arbeit am **Kongo Tribunal** begann Ende der Nullerjahre, 2015 fand das erste **Kongo Tribunal** statt und im September 2020, also noch einmal fünf Jahre später, wird das zweite über die Bühne gehen, gefilmt von einer örtlichen Produktionsgesellschaft. **Orestes in Mossul** wiederum ist die Dokumentation eines Orestie-Workshops in Mossul im März 2019, vorläufiger Höhepunkt eines Austauschs, den wir im Nordirak im Sommer 2016 mit **Empire** begonnen hatten. *Theater ist kein Produkt, sondern ein Produktionsprozess*, wie es im *Genter Manifest* heißt.

Natürlich läuft all dies für eine bezüglich langfristiger Prozesse spekulativ verfahrende Kritik unsichtbar ab. Soziale oder strukturelle Aspekte werden von der klassischen akademischen oder Zeitungskritik meist sogar bewusst ausgeblendet, da es *nur ums Stück und nur um den Künstler* gehen soll – was dann natürlich als Vorwurf wieder auf die Künstler zurückfällt. Warum etwa griff die Kritik (nicht nur die italienische und nicht nur die rechte) in Bezug auf Yvan Sagnets und anderer Aktivisten getroffene Entscheidung, die Rolle des Jesus oder der Apostelinnen zu spielen, auf Wörter wie *Anmaßung*, *Größenwahn*, *positiver Rassismus* und *Tokenismus* zurück? Ich vermute, dass dies eine – weitgehend unbewusste – Erbschaft eines bürgerlichen Kunstbegriffs ist, der an kulturell homogene, von den gesellschaftlichen Kämpfen gereinigte Produktionsstrukturen gewöhnt ist. Wo die Akteure ohnehin über mehr oder weniger identische Erfahrungshintergründe verfügen, geht es logischerweise *um die Kunst* und nicht um die Beteiligten, ums Produkt und nicht um den Produktionsprozess. Erbittert geführte interkulturelle Auseinandersetzungen wie in Mossul, im Kongo, aber auch in *europäischen* Projekten wie **Lam Gods** oder der **Europa Trilogie** erscheinen nicht als von allen Beteiligten bewusst hergestellter Konflikt, sondern bloß als Skandal, den ein professionelleres Team gar nicht erst zugelassen hätte. Kein Wunder, erfährt man – um Brecht zu paraphrasieren – von einer solcherart geschulten Kritik über eine globale Kunstproduktion meist so viel wie von einem Foto der Fassade über die Arbeitszusammenhänge in einer Fabrik: außer den ästhetischen Vorlieben des künstlerischen Teams und des

Kritikers, des westlichen moralischen Common Sense und seines Vokabulars und der Übereinstimmung zwischen diesen, eher wenig.

Ich erinnere mich, wie etwa Schlingensiefs *Operndorf* als selbstgerechte Selbstverwirklichungssause eines westlichen Künstlers abgetan wurde – das gleiche noch viel härter bei Simone de Beauvoir, als sie sich mit außereuropäischen Freiheitsbewegungen solidarisierte. Das ist verständlich: Aufgewachsen in Zuständen globaler Ausbeutung, können wir uns interkulturelle Zusammenarbeit nur als Fortsetzung dieser Ausbeutung vorstellen. Solidarität gilt dem westlichen Mainstream als Übergriffigkeit, das Aushalten von Widersprüchen – und oft leider auch, das kommt vor, das Zerbrechen daran – als Unverantwortlichkeit. Wir Künstler nehmen an diesem Spiel der Externalisierung teil, indem wir aus Angst, ins Sperrfeuer eines überhitzten Identitätsdiskurses zu geraten, moralisch und politisch gereinigte Fassaden präsentieren oder uns erst gar nicht mehr mit globalen oder überhaupt den Widersprüchen der Kunstproduktion an sich befassen. Deshalb sieht der 2. Satz des *Genter Manifests* vor, dass alle Proben offen sind und alle Mitarbeiter jederzeit mit den Medien (oder wem auch immer) sprechen dürfen.

Um Widersprüche sichtbar und verhandelbar zu machen, haben wir etwa über die Proben von **Lam Gods** (meiner Genter Eröffnungsinszenierung) einen Film produziert, genauso über **Orestes in Mossul**. Diese Filme zeigen, genauso wie es beim **Neuen Evangelium** der Fall sein wird, eine unvollkommene, sich vorantastende, oft hysterische Suchbewegung. Denn tatsächlich ist jeder Realismus – und der globale insbesondere – vermintes Gelände und zutiefst fragwürdig. Wer stellt was dar? Wer sagt, was gespielt wird? Es bereitet unzählige schlaflose Nächte, im Ostkongo, in den italienischen Flüchtlingslagern oder im Irak zu arbeiten, für die lokalen wie die europäischen Partner. Die auch bei jahrelanger Zusammenarbeit immer als ungenügend empfundene soziale Nachhaltigkeit ist grässlich und lässt viele in meinem Team erschöpft und mutlos werden. Es ist wahnwitzig schwierig, mit Menschen aus unterschiedlichsten Milieus und mit unterschiedlichsten politischen Ansichten zusammenzuarbeiten, in Gent genauso wie in Goma. Man drängt und wird gedrängt, man überredet und wird überredet, man einigt sich – nur, damit die Debatte gleich wieder losgeht. So entstehen unwahrscheinliche Solidaritäten, sie zerbrechen aber manchmal auch unter dem ständigen Innen- und Außen-Druck.

Jedoch erst die Reibungspunkte – etwa die zugleich schöne, für mich als Atheist aber auch fragwürdige Tatsache, dass die katholische Kirche nun die *Häuser der Würde* unterstützt oder aktuell die Zusammenarbeit zwischen Schauspielerinnen, Aktivisten der Landlosenbewegung und indigenen Widerstandsbewegungen – machen realistische Kunst im dialektischen Sinne wahr: zu einem komplexen, schmerzhaften Abbild einer globalisierten Welt. Mein Wunsch wäre deshalb eine abenteuerliche, kreative, solidarische Kritik, die Widersprüche aushält. Eine Kritik, die sich Zeit nimmt, die sich in eine Sache versenkt, ohne sich mit ihr gemeinzumachen. Die das *Kunstwerk* als Alibi versteht, um über die darin behandelten Zusammenhänge nachzudenken, und dadurch vielleicht bessere, richtigere, genauere Wege der Wirklichkeitsbeschreibung (und vielleicht sogar ihrer Umgestaltung) zu finden. Gemäß der Devise von Samuel Beckett: »Try again. Fail again. Fail better.«

Warum Kunst?

Milo Rau im Gespräch mit Marijn Lems

Aus dem Englischen von Ingo Herzke

Um herauszufinden, wie solidarische Kunstkritik aussehen und wie sie in die Praxis umgesetzt werden kann, führten der Kunstkritiker Marijn Lems und der Künstler Milo Rau Mitte Juni 2022 ein ausführliches Gespräch. Sie trafen sich vier Nachmittage lang im Foyer des Stadttheaters Gent (NTGent). Sie dachten über das nach, was *tragisches Denken* sein kann, über Gewalt und Trauma und darüber, wie man als Künstlerin oder Künstler mit diesen Konzepten und Momenten umgehen kann. Das Gespräch entwickelte sich zu einer Diskussion über die Frage, wie eine Kunstpraxis auf globaler Ebene möglich ist, und zu einem Gespräch über die zeitgenössischen Herausforderungen institutioneller Arbeit mit Blick auf Demokratie, Inklusion, Verletzlichkeit und Führung – mit allen entsprechenden Problemen und Möglichkeiten.

Erster Akt: Gewalt und radikale Kunst

Milo Rau gilt als einer der umstrittensten europäischen Theatermacher der letzten zwei Jahrzehnte. Die mitunter sehr geteilten Reaktionen auf sein Werk sind zum einen in der Wahl seiner sensiblen Themen begründet, aber auch in der Art und Weise, wie diese Themen von ihm auf die Bühne (oder die Leinwand) gebracht werden. Rau nimmt in seinen Werken die schmerzhaftesten Stellen der gewählten Themen unter die Lupe und scheut sich nicht, künstlerische Risiken einzugehen. Man denke zum Beispiel an die jugendliche Besetzung von **Five Easy Pieces**, seiner Performance über die Altlasten des Falls Dutroux, oder den kollektiven Selbstmord der Hauptfiguren in seinem aktuelleren Werk **Familie**.

Vor allem die Rolle der Gewalt in Raus Werk sorgt am häufigsten für Diskussionen. Ausgehend von seinen so genannten *Reenactments* **Die letzten Tage der Ceaușescus** und **Hate Radio** hat Rau eine Faszination für Gewalt als Phänomen gezeigt, das er zu ergründen versucht. Ohne in einfache psychologische Erklärungen zu verfallen (Rau ist von Haus aus Soziologe, was in seinem Werk deutlich zu erkennen ist), scheint er zu fragen: Was ist der Ursprung der Gewalt, woher kommt sie, welchen Sinn hat sie? Und als Künstler: Wie stellt man Gewalt in seiner Arbeit dar, ohne dass sie zum Spektakel wird?

Wie gehen Sie mit den Kontroversen um, die regelmäßig rund um Ihre Arbeit entstehen?
Rau: Ich habe das Gefühl, dass im Zusammenhang mit meinen Arbeiten oft »absichtliche Missverständnisse« entstehen, weil ein Fragment meiner Arbeit oder der Entstehungsprozess aus dem Kontext des Gesamtwerks gerissen wird. In meinen kreativen Prozessen baue ich oft eine Mini-Gemeinschaft auf, so dass alle Beteiligten das Projekt wirklich verstehen, unterstützen und tragen – zum Beispiel die Kinder und ihre Eltern in **Five Easy Pieces**, oder die Schauspieler mit Down-Syndrom und ihre langjährigen Betreuer in **Die 120 Tage von Sodom**. Das sind Prozesse, die nicht öffentlich sichtbar sind – das künstlerische Produkt ist bei meiner Arbeits-weise nur die Spitze des Eisbergs, wie Sie wissen. Natürlich passiert es dann, dass mir Vorwürfe gemacht werden wie: »Milo Rau foltert einen schwarzen Jesus«.

Ging es dabei um DAS NEUE EVANGELIUM?
Ja, oder vielmehr um die Folgen davon. Ich hatte meine Freundin Maya Alban-Zapata eingeladen, in

meiner Inszenierung des **Wilhelm Tell** am Schauspielhaus Zürich zu spielen. Sie hat in der deutschen Theaterlandschaft einen guten Namen: Sie ist Schauspielerin und Anti-Rassismus-Aktivistin, die teilweise sehr kritisch über ihre eigenen Erfahrungen mit Repräsentationsfragen schreibt. Das hat bei den Organisatoren eine gewisse Nervosität erzeugt, weil sie befürchteten, das Gleiche würde am Schauspielhaus Zürich passieren. Sie haben sich dann mit ihr in Verbindung gesetzt, um sie zu warnen, vielleicht besser nicht mit mir zu arbeiten, weil ich »einen Film gemacht« haben soll, in dem »ein schwarzer Jesus gefoltert wird«. Das war für sie natürlich seltsam, denn wir sind befreundet und sie kennt meine Arbeit bereits. Sie empfand die gut gemeinte Intervention der Organisation als paternalistisch und rassistisch, weil offenbar davon ausgegangen wurde, dass Maya sich in Bezug auf meine Kunst reaktionär verhalten würde. Wir konnten darüber lachen und haben es sogar in die erste Szene des Stücks eingebaut, aber es zeigt, wie viel Angst Kunstorganisationen heutzutage vor den Medien haben.

Dessen bin ich mir auch bei der Arbeit bewusst: Wenn ich eine Szene in den Film einbaue, in der Yvan Sagnet (der in **Das Neue Evangelium** Jesus spielt) und ich darüber scherzen, dass er gefoltert wird, kann das sehr leicht aus dem Zusammenhang gerissen und als problematisch dargestellt werden. Das mag paranoid klingen, aber ich habe das schon erlebt: Als ich mit einigen Stücken nach Brasilien eingeladen wurde, ging ein Foto aus **Lam Gods** (Der **Genter Altar**) von der Szene, in der Adam und Eva simulierten Sex haben, während die Kinderdarsteller um sie herum sitzen, in internationalen rechten Kreisen mit der Bildunterschrift viral: »Seht, was für ein Perverser dieser Milo Rau ist.« Natürlich hat niemand von diesen Leuten den offenen Brief der Eltern der Kinder gelesen, in dem es heißt: »Ihr seid von so viel Pornografie und Gewalt umgeben, und dann seht ihr eine Szene voller Zärtlichkeit und könnt es nicht ertragen.« Es ist also ganz klar, wo die »Perversion« liegt (oder erzeugt wird), aber es kann nichtsdestotrotz einen großen Einfluss darauf haben, wie ich als Künstler gesehen werde.

Aber wie kann man das vermeiden? Wer sein politisches Süppchen kochen will, kann immer einen Augenblick aus einem Werk isolieren und damit Künstler oder Künstlerin oder sogar die Kunst im weiteren Sinne in ein schlechtes Licht rücken.

Das lässt sich nicht vermeiden, aber es lässt mich noch wachsamer mit der Frage umgehen, wie und warum ich etwas darstelle. Wenn man mit so düsteren Themen wie Gewalt und Perversion arbeitet, oder auch, wie im Fall vom **Genter Altar**, bei einem Stück, das sich gar nicht um einen großen Völkermord dreht, sondern um Intimität und Liebe, dann braucht man die Unterstützung des ganzen Teams für den Umgang damit. Ich sehe »pornografische« Kunst, in der Sex und Gewalt verführerisch dargestellt und nur mit einem dünnen narrativen Schleier verbrämt werden, sehr kritisch. Man muss also wirklich wissen, warum man etwas tut, man muss alle Mitwirkenden in den Denkprozess einbeziehen, und man muss sich Zeit dafür nehmen. Vor allem, wenn Laien involviert sind. Bei **Five Easy Pieces** haben wir ein Jahr lang mit den Kindern und ihren Familien gearbeitet, damit sie wirklich verstehen konnten, was sie auf der Bühne tun und warum. Nur aus diesem Grund funktioniert die Performance auch: Die Spielenden handeln selbstbewusst und sind nicht die Marionetten des Regisseurs. Nur wenn man so bewusst mit den Darstellern und Darstellerinnen arbeitet, kann man begründet davon ausgehen, dass sie auch in zehn Jahren noch hinter ihren Rollen und ihre Mitwirkung stehen werden.

Wie ist Ihre Haltung zum Einsatz von Intimitätskoordinatoren, damit die Darstellenden sich sicher fühlen und feststellen können, wo ihre Grenzen liegen?
Ich habe mit einer solchen Intimitätskoordinatorin – tatsächlich hieß sie Konsens-Coach – in Zürich gearbeitet. Eine sehr professionelle Polin, die auch für Netflix arbeitet. Ich glaube, professionelle Intimitätscoaches sind sehr gut für den Regisseur, aber nicht unbedingt für die gesamte Gruppe. Ich habe in den letzten fünfzehn Jahren mit allen möglichen Coaches gearbeitet. Im Fall des **Genter Altars** habe ich bei jedem Casting, bei jeder Szene mindestens zwei Coaches dabeigehabt – Dramaturgen, Psychologinnen –, zur Vorbereitung, zur Bewertung, zur Vermeidung aller möglichen Missverständnisse im Eifer des kreativen Prozesses. Doch die Arbeit mit einer Koordinatorin von Netflix war anders. Ich fürchte, diese Stellen wurden von Institutionen geschaffen, die ihre Verantwortung für die Sicherheit aller Mitwirkenden auslagern wollen, damit sie nicht haftbar gemacht werden können, wenn etwas schiefläuft. Ich fand die Frau großartig, mit der ich zusammengearbeitet habe, aber ihre Aufgabe ist es, für eine Produktion »Konsens« oder »Einverständnis« zu organisieren, das ist auch ihr Fachgebiet –

doch das macht sie nicht unfehlbar bei anderen sensiblen Themen. Sie kann zum Beispiel wie jeder Mensch unabsichtlich eine rassistische Bemerkung machen, weil sie die nicht so gut erkennt wie beispielsweise körperlich übergriffiges Verhalten. Genau das ist bei unseren Proben passiert und hat ihr berechtigte Kritik von unser Antirassismus-Aktivistin Maya eingetragen. Und ein weiterer Schauspieler und Aktivist, ein Freund von mir, der im Rollstuhl sitzt und manchmal wirklich anstrengend sein kann, hatte ebenfalls einen Konflikt mit dem Konsens-Coach. Irgendwann haben die Darsteller und Darstellerinnen und ich dann angefangen, die coachende Frau zu coachen … Es gibt nie eine Person, die den ganzen Prozess überblickt und nicht zugleich auch Teil davon ist und selbst keine blinden Flecken hat. Es ist dasselbe Problem wie im Kommunismus: Jeder Kommissar hat einen weiteren Kommissar über sich, der seine Arbeit kontrolliert, und so weiter ad infinitum *(lacht)*. Darum glaube ich vor allem an gemeinsame Verantwortung für die Herstellung eines sicheren Arbeitsumfelds.

Natürlich betrifft das alles nicht bloß das Theater, das ist vielmehr ein allgemeiner Prozess in der westlichen Zivilisation – von der Risikokultur zur Sicherheitskultur. Als ich früher als Kind in den

Schweizer Bergen gespielt habe, hätte ich jederzeit in einen Abgrund stürzen können, denn da gab es nirgendwo Zäune. Wenn ich heute mit meinen Kindern an dieselben Orte gehe, bekommt meine deutsche Freundin beinahe einen Herzinfarkt. Das ist natürlich ein Fortschritt in der elterlichen Haltung *(lacht)*, aber nicht jedes Risiko muss abgesichert werden.

Es gibt in Ihrem künstlerischen Ansatz noch eine andere Art des Risikos: Dass Sie sich ständig in unbekanntes Gelände wagen, wo Sie immer wieder neue Menschen von Ihren Projekten überzeugen müssen.

Ja, aber ich will es gar nicht anders! Meine größte Inspiration und Motivation ziehe ich aus dem ständigen Arbeiten in neuer Umgebung, mit anderen Menschen. Ich glaube, nur so lässt sich die Position des »Regisseurs« grundsätzlich hinterfragen, indem man sich nämlich wirklich dem Konsens unterwirft, der Fantasie einer Gruppe – und manchmal sogar damit scheitert. Das ist auch einer der Gründe, warum ich am NTGent nicht mit einem festen Ensemble arbeiten möchte: Ich bin überzeugt, das ist die falsche Wahl. Nicht nur, weil es eine elitäre Konstruktion ist, eine kleine Gruppe Menschen so zu privilegieren und andere außen vor zu lassen, sondern auch, weil es zu künstlerischer und inhaltlicher Stagnation führt. Das ist das Ende jeder selbstkritischen Haltung.

Sprechen wir über die Rolle der Gewalt in Ihrer Arbeit. In DIE LETZTEN TAGE DER CEAUŞESCUS und HATE RADIO passiert die Gewalt abseits der Bühne, aber alles dreht sich um ihre allgegenwärtige Androhung. Wie sind Sie mit der Realität der Gewalt in diesen Stücken umgegangen?

Die letzten Tage ist ein Reenactment des Schauprozesses gegen die Ceauşescus, bei dem sie als Volksfeinde verurteilt und hingerichtet wurden. Wir konnten das Stück auf der Grundlage zahlreicher Interviews mit den Beteiligten entwickeln und das Geschehen dann so originalgetreu wie möglich nachstellen. Das war etwas ganz anderes als **Hate Radio**, das ist eher eine fiktive Kreation, bei der mehrere verschiedene Radiosendungen zu einer Performance kondensiert wurden. Darin haben wir jeden ikonografischen Bezug auf die Gewalt vermieden (zum Beispiel Macheten), weil die Bilder schon allzu vertraut waren. Wohingegen der Auslöser, die kontinuierliche Hasspropaganda, die den Völkermord befeuert hat, viel weniger bekannt ist.

Wir zeigen also nur eine Radiosendung, nur Rhetorik und keine Gewalt, aber die ist natürlich dauerhaft präsent – eine Art Phantom.

Dadurch wurde diese Inszenierung in erster Linie zu einer Erforschung der Funktionsweise der Gewalt, denn Gewalt lässt sich nie vom Kontext eines Systems oder einer Gesellschaft trennen. Wenn es im Radio heißt: »Es ist kein Gesetzesverstoß, Tutsis zu töten, es wird keine Folgen haben«, dann wird etwas ermöglicht. Aber die Mehrheit einer Gesellschaft muss durch die Gewalt auch etwas zu gewinnen haben. Wenn man zum Beispiel den Zweiten Weltkrieg betrachtet, dann wäre der Holocaust nicht möglich gewesen, hätten die Deutschen nicht den Besitz der Juden übernehmen können, hätte es also den Profit als Motiv nicht gegeben.

Kann Völkermord nicht auch schon aus der fortgesetzten Entmenschlichung einer Bevölkerungsgruppe entstehen, indem man sie als existenzielle Bedrohung darstellt, als *Kakerlaken*, die ausgerottet gehören? Schließlich verfügten Roma und Sinti, die während des Zweiten Weltkriegs ebenfalls ermordet wurden, kaum über materiellen Besitz.

Natürlich ist die Entmenschlichung entscheidend, und darauf konzentriert sich **Hate Radio** auch. Und natürlich gibt es nie nur einen Grund, aber ich glaube, dass die totale Entmenschlichung, die für einen Genozid notwendig ist, nur in einer Gesellschaft passieren kann, in der es bereits einen fruchtbaren Boden dafür gibt. Wo verschiedene Grenzen bereits allmählich überschritten wurden. Wenn ich mir meine verschiedenen Arbeiten anschaue, unterscheide ich grob zwischen zwei Strategien. Zur ersten gehören Projekte, bei denen ich der Gewalt in einem größeren Zusammenhang nachgehe, wie in **Breiviks Statement**, **Die Moskauer Prozesse** oder **Das Kongo Tribunal**, die sich mit der systemischen Ebene von Gewalt beschäftigen. Auf der anderen Seite gibt es Performances wie **Die Wiederholung**, **Familie** oder **Grief & Beauty**, in denen ich mich direkter der Darstellung von Gewalt und Tod widme und die Tabus erforschen will, die sie umgeben. Diese »intimistischen« Stücke sorgen oft für die größten Kontroversen. Die Gesichter der Toten in **Empire** zum Beispiel, wo einer der Darsteller eine auf die Leinwand projizierte Reihe von Fotos verstorbener Folteropfer durchsieht, um seinen Bruder zu finden. Das ist quälend anzuschauen, es wirft die Frage auf, warum wir uns das ansehen. Denn nach unseren Maßstäben ist der Tod etwas Privates.

Welche Bedeutung hat es denn Ihrer Meinung nach, Gewalt zu zeigen oder darzustellen?
Ich nenne **Die Wiederholung, Five Easy Pieces** und **Die 120 Tage von Sodom** meine **Repräsentations-Trilogie**, in der ich genau dieser Frage nachgehe: Welche Bedeutung hat es, Gewalt darzustellen? Um mit **Die Wiederholung** zu beginnen, deren Originaltitel La Reprise lautet: Was heißt es, einen Gewaltakt nicht eigentlich zu wiederholen (»répétition«), sondern ihn zu rekonstruieren, wieder aufzunehmen (»reprise«)? Liegt ein tieferer Sinn in der rituellen Zerstörung des Körpers, wie sie sich zum Beispiel in der katholischen Tradition mit dem Körper Jesu ereignet? Und kann das Theater diesen Platz auch einnehmen? Das Klischee lautet in den Worten Max Webers, dass alte, »primitive« Kulturen Tiere opferten, um Kontakt mit dem Nicht-Leiblichen aufzunehmen, weil sie glaubten, alles Lebende und die Geister seien Teil derselben Welt. Während wir in der modernen abendländischen Zivilisation Körper und Geist oder Seele absolut getrennt und diesen Kontakt zum Nicht-Körperlichen verloren haben, komplett rational geworden sind. Aber ich halte das nicht für richtig: Auch unsere Handlungen lassen sich aus den Mythen, Erzählungen und nichtrationalen Glaubensvorstellungen erklären, die wir

teilen. Das versuche ich im Theater anzureißen, damit wir uns dessen bewusst werden: dieser tieferliegenden Mythologien, die unsere Weltsicht formen.

George Steiner unterscheidet zwischen »dem Tragischen« und »dem Dramatischen«. Nach der tragischen Denkweise gibt es bestimmte Mächte, die das menschliche Handeln bestimmen und gegen die wir uns nicht wehren können. Die dramatische Haltung hingegen akzeptiert zwar die Existenz ebendieser Mächte, glaubt aber auch an die Fähigkeit des Menschen, ihnen zu entrinnen. Gerade das macht es für mich interessant, immer wieder das Tragische darzustellen. Wenn man allzu fest an Techniken gesellschaftlicher Veränderung glaubt, verliert man aus dem Blick, dass viele Menschen in im Steinerschen Sinne eher tragischen als dramatischen Umständen leben. Hat es also einen Wert, sich kollektiv, rituell mit der Existenz von Gewalt und Tod und anderen Dingen zu beschäftigen, die wir nicht wirklich beeinflussen können? Gerade wenn wir uns kollektiv Gewalt anschauen, versuchen wir sie zu überwinden und uns als soziales System zu »reinigen«, indem wir ihrer Existenz ins Auge sehen.

Wenn man die **Orestie** liest, fällt einem auf, dass sie mit einer Art Monolog beginnt, in dem Agamemnon all seine Verbrechen gesteht: Ich habe meine

Tochter geopfert, ich habe alle in Troja getötet und vergewaltigt und dann alles niedergebrannt, und jetzt bin ich wieder da, mit meiner Sexsklavin Kassandra, und ich möchte so geliebt werden, als wäre nichts geschehen. Und direkt darauf wird er natürlich getötet – von seiner Frau. Ich lese das so, dass eine antike griechische Gesellschaft mit den eigenen Kriegsverbrechen umzugehen versucht: Ist Leben nach dem Krieg noch möglich?

Ich habe gelesen, dass die Tragödien immer nach dem Ende der »Kriegssaison« gespielt wurden, am Beginn des Herbstes, wenn die Stadt voller Soldaten war, die Schreckliches erlebt hatten und völlig traumatisiert waren. Genau wie Deutschland nach 1945. Was soll man mit diesen Menschen anfangen? Also fingen sie an, Theaterstücke darüber zu schreiben, was es bedeutet, eine Kriegsmaschine zu sein. Sie verlangten von den Soldaten, dass sie sich diese Stücke, voller Figuren, die wie sie selbst aussahen, drei Tage lang anschauten. Indem sie sich die Tragödien immer wieder ansehen, indem sie immer wieder mit der unmittelbaren Vergangenheit konfrontiert werden, entsteht ein kollektives Ritual der Verarbeitung.

Tatsächlich versuche ich in Stücken wie **Die Wiederholung** das Gleiche: einen Raum zu schaffen, in dem man seine eigene dunkle Seite heraufbeschwören und mit Distanz betrachten kann, um zu akzeptieren, dass sie etwas Anziehendes hat. Denn diese Anziehungskraft spielt in den meisten Medienproduktionen und Kunstwerken, die wir konsumieren, eine Rolle, aber dort ist sie stets implizit, wird nicht zum Subjekt gemacht und bleibt somit pornografisch.

Wann haben Sie angefangen, sich für Gewalt zu interessieren?

Meine Faszination für Gewalt hat schon in jungen Jahren begonnen. Ich habe Bilder der Gewalt, die ich in Zeitungen fand, wie eine Art Rätsel betrachtet, und ich dachte, wenn ich sie nur wirklich verstehen würde, dann könnte ich auch die Geheimnisse des Erwachsenenlebens begreifen. Eines davon war aus den 1930er Jahren, als Japan in China einmarschierte. Damals hatten sie so viele Kriegsgefangene, dass sie nichts mit ihnen anzufangen wussten, und so erstachen sie etliche von ihnen mit dem Bajonett, nur damit ihre jungen Rekruten das üben konnten. Auf dem Bild sieht man fünfzehn chinesische Kriegsgefangene in einer Reihe, ihnen gegenüber einige japanische Soldaten, die diese Gefangenen einen nach dem anderen umbringen und dabei ausprobieren, was die effizienteste Methode ist, einen Menschen zu erstechen. Ich habe versucht, den japanischen Soldaten und den chinesischen Kriegsgefangenen tief in die Augen zu schauen, um ein wenig von ihren Gedanken und Gefühlen zu begreifen: Was heißt es, jemanden zu töten? Was bedeutet es, darauf zu warten, umgebracht zu werden? Als Kind dachte ich: »Jetzt verstehe ich nichts davon, aber wenn ich größer und klüger werde, dann kann ich es begreifen.« Letzten Endes machen wir Kunst, um etwas zu verstehen. Nicht nur Gewalt, sondern auch »Widerstand« oder »Gemeinschaft«, auch das sind Obsessionen von mir.

Würden Sie sagen, dass Sie sich künstlerisch jemandem wie Truman Capote verwandt fühlen, vor allem seinem Ansatz beim Schreiben von KALTBLÜTIG? Auch da geht es darum, Gewalt und ihre Wirkung auf eine kleine Gemeinschaft zu verstehen.
Hmm, diesen Vergleich habe ich noch nie gehört, darüber muss ich nachdenken. Es stimmt, dass Capote eine ähnliche Balance zwischen Fiktion und Realität versucht: Er nutzt ein tatsächliches Ereignis für eine gut recherchierte, aber zum Teil auch fiktionalisierte Geschichte. **Kaltblütig** zeichnet natürlich ein viel umfassenderes Bild einer Gemeinschaft als **Die Wiederholung**, was eher eine Art Essay ist. Der große Unterschied scheint mir zu sein, dass

Kaltblütig sich hauptsächlich auf die Täter konzentriert, während es bei **Die Wiederholung** um das Opfer und die Verwandten des Opfers geht.

Während des kreativen Prozesses habe ich mich immer weiter von einem soziologischen Ansatz entfernt, mit dem ich Gewalt auf Grundlage sozio-ökonomischer Umstände zu erklären versuchte, und zu einem tragischen Ansatz hinbewegt: dem schicksalhaften Zufall, dass sich die Wege von Täter und Opfer zum falschen Zeitpunkt kreuzten. Bei Gesprächen mit dem Anwalt eines der Täter stellte sich heraus, dass die Täter nicht alle für ihre Homophobie bekannt waren. Sie wollten in die Stadt, um Frauen aufzureißen, was enttäuschend für sie verlief. Dann trafen sie auf Ihsane Jarfi und brachten ihn um. Der Mord entsprang nicht ihrer Ideologie, aber die Ideologie hob ihr hässliches Haupt und diente als Vorwand, um ihre Frustration an jemandem abzulassen.

Wollen Sie sagen, das könnte jedem von uns passieren, wir könnten alle in einem schlechten Moment von in uns schlummernden Hassideologien aufgepeitscht werden?
Ich glaube, das ist zumindest Teil unseres gemeinsamen kulturellen Repertoires. Meine Kindheit jeden-

falls war voller Homophobie: Wenn man zu langsam lief oder sonst irgendwie nicht dem Bild von Männlichkeit entsprach, wurde man sofort »Schwuchtel« genannt. Würde ich heute aufgefordert, in einer Performance einen homophoben Mann zu spielen, könnte ich sofort auf das brutale Vokabular zugreifen, dass dafür notwendig ist. In der Hinsicht hat die Postmoderne Recht: Wir werden alle von unserem soziokulturellen Umfeld geprägt, das ist keine sogenannte »woke« Erfindung, mit der man Internet-Diskussionen gewinnt *(lacht)*.

Ein gutes Beispiel dafür habe ich von Yana Ross, einer befreundeten Regisseurin, gehört. Sie hat **Kurze Interviews mit fiesen Männern** von David Foster Wallace für die Bühne adaptiert, und der Titel sagt alles: Es ist ein Buch über toxische Männlichkeit. Als Improvisationsaufgabe hat sie ihre Schauspieler spielen lassen, dass sie um ein Lagerfeuer sitzen und miteinander frauenfeindliche Witze reißen. Das ging so weit, dass die Schauspieler selbst schockiert waren, was alles in ihnen steckte, und wütend auf die Regisseurin wurden, weil sie sie gezwungen hatte, das anzuzapfen! Und das finde ich so interessant: Was sollen wir mit der ganzen Finsternis machen, die wir in uns tragen? Und wo können wir sie anzapfen, wenn nicht im Theater und in der Kunst ganz allgemein?

Wir tragen alle eine enorme Menge Schmerz und Traurigkeit mit uns herum, die sich auf unterschiedliche Arten ausdrücken kann. Ich habe als Kind viel Gewalt erlebt: Ich wurde ständig gemobbt, und es hat lange gedauert, bis ich Kritik an meinen Handlungen (als Regisseur, als künstlerischer Leiter, als Mensch) nicht mehr als persönlichen Angriff gesehen und mich verteidigt habe. Ich glaube, viele von uns haben einen solchen Hintergrund. Ein »Theater der Gewalt« kann heißen, dass wir uns den vollständigen Gewaltkreislauf anschauen (ihre Aktionen, Reaktionen, alle Motivationen, Gefühle und sprachlichen Mittel, die mit hineinspielen) und ihn durchschauen. In **Die Wiederholung** liest Sara de Bosschere ein Gedicht von Wisława Szymborska. Darin beschreibt sie den Augenblick, wo Schauspielerinnen und Schauspieler den Applaus entgegennehmen, als »sechsten Akt«. Ein Fragment daraus:

Die wunderbare Rückkehr der spurlos Verscholl'nen.

Zu denken, dass sie geduldig hinter Kulissen warteten,
immer noch kostümiert,
ohne sich abzuschminken,
rührt mich stärker als alle Tiraden des Dramas.

Das beschreibt ziemlich gut, was das Theater vermag: Den Kreislauf der Gewalt durchbrechen – für einen Augenblick, einen Abend –, indem man ihn gerade gemeinsam durchschritten hat.

Stimmen, die der Darstellung von Gewalt in Kunst und Medien kritisch gegenüberstehen, würden jetzt sagen: So funktioniert es nicht; indem Sie die Gewalt in Ihren Arbeiten rekonstruieren, halten sie das Publikum darin gefangen, anstatt es zu befreien.

Ich verstehe diese Haltung: »Was Rau und seine Mitwirkenden tun, ist reiner Idealismus, und weil es bloß Idealismus ist, sollten wir lieber Safe Spaces schaffen, in denen wir die Öffentlichkeit über die Funktionsweisen von Gewalt aufklären, ohne sie in der Kunst zu reproduzieren.« Ich finde, das ist auch eine valide künstlerische Strategie, es ist bloß nicht meine oder unsere. Für mich ist sie irgendwie zu puristisch, zu exklusiv. Ich bin nie auf eine Kunsthochschule gegangen, ich habe einen ziemlich chaotischen biografischen Hintergrund. Darum arbeite ich vielleicht so gern mit Laien, darum liebe ich Volkstheater und habe das starke Bedürfnis, das Theater für die Menschen zu öffnen, die ihrer Bildung nach nicht dazugehören. Ich glaube, Kunst und Aktivismus sollten in gewisser Weise pragmatisch und im

Dialog mit der Gesellschaft bleiben. Vor allem sollten wir uns darauf einigen, dass Kunst per definitionem nicht rein ist, dass wir die Antworten nicht kennen, dass Kunst eine Suche ist. Das ist die Bedeutung von »Safe Space«: Man braucht einen geschützten, sicheren, konsensuellen Raum, man braucht gemeinsames Handeln, damit Antagonismen und traumatische Erfahrungen an die Oberfläche kommen können. Wir brauchen Solidarität mit den Versuchen anderer, etwas Schwieriges und Kompliziertes einer künstlerischen Untersuchung zu unterziehen – und wir müssen uns bewusst sein, dass die Grenze zwischen einem transzendierenden Kunstwerk, das ein Trauma durchbricht, und einem Kunstwerk, das ein Trauma lediglich verstärkt, sehr schmal sein kann. Wir können uns beispielsweise ganz schnell auf die Nützlichkeit von Trigger-Warnungen einigen, um Menschen vor Kunst zu schützen, die sie als re-traumatisierend wahrnehmen könnten. Aber ich glaube, die Lösung liegt nicht darin, künstlerische Risiken ganz zu vermeiden – oder das von Künstlerinnen und Künstlern zu verlangen.

In einem früheren Interview haben Sie gesagt, dass jede Geschichte auf die Passion Christi zurückgeführt werden kann. Wenn Sie sich auf der einen Seite

DIE WIEDERHOLUNG und FAMILIE anschauen, die kürzlich stattgefundene tatsächliche Gewaltakte rekonstruieren, und DAS NEUE EVANGELIUM oder OREST IN MOSSUL auf der anderen, die »mythologische« Gewalt im Kontext aktueller Ungerechtigkeit rekonstruieren – was erkennen Sie da als Ähnlichkeiten und Unterschiede zwischen diesen Performances?

Für die Darstellenden macht es prinzipiell keinen Unterschied, ob sie Ihsane Jerfi oder Jesus spielen. Bei der Vorbereitung ist es ein riesiger Unterschied, ob man wie im ersten Fall mit Menschen spricht, die Jarfi persönlich kannten, oder ob man das wie im zweiten Fall nicht tut. Aber ansonsten wird die Geschichte auf sehr ähnliche Weise erzählt, sogar in Bezug auf die Frage, die sie aufwirft: Hält uns diese Art, eine Geschichte zu erzählen, in irgendetwas gefangen? Die Tragödie wurde entwickelt, um die ontologische Lücke zwischen dem Rationalen und dem Emotionalen zu schließen, zwischen »Zivilisation« und »Prä-Zivilisation«, zwischen moderner Demokratie und Stammesgesellschaft, zwischen dem Männlichen und dem Weiblichen und so weiter. Entscheidend ist: Die Tragödie wurde erfunden als Methodik, diese binären Konzepte zu beschreiben, zu konstruieren und zugleich zu überwinden. Oder kurz und knapp: Wir sollten das Tragische durchspielen im Versuch, es zu beseitigen. Doch das ist nicht geschehen, wir haben nur den regressiven, nicht aber den utopischen Charakter des Tragischen internalisiert. Wir sehen »Männer« und »Frauen« als grundsätzlich unterschiedliche Wesen, was teilweise biologisch fundiert sein mag, vor allem aber eine kulturell gewachsene Tatsache ist (so wie der Unterschied zwischen weißen und schwarzen Menschen). Das macht unsere Zeit so aufregend: All diese Kategorien werden so nachhaltig in Frage gestellt. Gleichzeitig wächst der konservative Widerstand dagegen, es bleibt also abzuwarten, was in zehn Jahren sein wird. Es kann gut sein, dass die Ideologie der intersektionellen Diversität das Vermächtnis des *tragischen Denkens* beseitigen wird. Darum bereiten wir am NTGent ein Projekt namens Alle Griechen vor: Eine Adaption aller zweiunddreißig erhaltenen griechischen Tragödien, die in eine Konferenz mit dem Titel »Die post-tragische Seele« mündet. Brecht hat gesagt: »Wir müssen die Gewalt zeigen, um die Gewalt letztlich zu beseitigen.« Wenn man das wörtlich nimmt, endet man bei Robespierre, Stalin und den Roten Khmer. Andererseits muss man nicht Freud sein, um zu begreifen, dass man durch das Trauma hindurchmuss, um es hinter sich zu lassen.

Es ist interessant, sich zu erinnern, dass »wir« vor fünfundzwanzig Jahren noch dachten, wir seien am »Ende der Geschichte« angelangt, und man müsse nur den Westen kopieren, um einen Zustand vollkommener Gerechtigkeit zu erlangen. Wir haben all die Traumata (des Kolonialismus, des heteronormativen Patriarchats) völlig ignoriert, durch die wir noch hindurchmüssen.

Darum glaube ich auch, dass wir im Augenblick an einem ganz problematischen Punkt angelangt sind, denn wir stecken noch im hegelianischen Denken über den liberalen Geist, wo individuelle Freiheit als das höchste Gut angesehen wird. Dabei ist dieses Konzept unmöglich mit der Idee zu verbinden, dass Wohlstand gleichmäßig über die Welt verteilt werden sollte, dass allen Menschen das geboten werden sollte, was sie zum Überleben und Gedeihen nötig haben. Um das zu erreichen, wird jeder Mensch im Westen individuelle Freiheit – was im Grunde die Freiheit zum Konsumieren bedeutet – und individuellen Wohlstand aufgeben müssen. Das ist der unauflösliche Widerspruch von Francis Fukuyamas These vom »Ende der Geschichte«.

Diese Art von hegelianischem Denken verbirgt sich auch in manchen »woken« Gedanken: Dass es so etwas gibt wie einen finalen Zustand der vollkommenen Gerechtigkeit für alle, in dem schon der Gedanke an Exklusion vollkommen eliminiert ist, ohne dass irgendjemand noch Zugeständnisse an »nicht aufgeklärte« Geister zu machen hat. Als Soziologe habe ich so meine Zweifel an dieser sehr intellektuellen, sehr akademischen Sicht des Fortschritts. Frantz Fanon, einer der Pioniere des Postkolonialismus, hat gesagt, die ehemaligen Unterdrücker, die Kolonialmächte, müssten beseitigt werden, und das nicht nur, weil sie dem Fortschritt im Weg stünden, sondern weil die ehemaligen Überdrückten einen Blutritus bräuchten, um das Joch des Opferdaseins abzuwerfen. Das Gleiche sah ich bei **Die letzten Tage der Ceauşescus**. Die Generäle, die das Ehepaar exekutierten, sagten mir: »Man muss den König töten, sonst ist es keine Revolution.« Eine Aufgabe der Kunst ist, dieses gewaltsame Element in der Geschichte der Menschheit sichtbar zu machen – um es kollektiv zu begreifen.

Wenn der Gedanke hinter der Darstellung von Gewalt in Ihrer Arbeit ist, dass es sich um ein kollektives Ritual handelt, das wir durchleben müssen, um der Gewalt einen Platz zu geben und sie hinter uns zu lassen, dann ist dieses Gefühl von Kollektivität und Gemeinschaft ein sine qua non.

Ja, das stimmt. In den letzten beiden Jahrzehnten habe ich drei wichtige Dinge gelernt. Erstens braucht man die Unterstützung der Gemeinschaft, mit der man ein Werk schafft, sowohl der Darstellenden als auch der Menschen, die mit dem Gegenstand des Werks zu tun haben. Wenn man in der Gemeinschaft nicht genug Unterstützung findet, ist es unverantwortlich, mit dem Projekt fortzufahren, denn man kann Kunst nicht auf Teilung und Trennung gründen, schon gar nicht eine Kunst, die so viel gesellschaftlichen Widerstand erzeugen kann wie meine. Zweitens muss das zentrale Thema eines Stücks noch irgendwie roh und unverheilt sein, vielleicht sogar traumatisch. Es muss in der Gemeinschaft noch etwas bedeuten, sonst wird es ein Kostümfilm. In **Die Wiederholung** haben wir mit den Einwohnern von Lüttich gearbeitet, die eine emotionale Verbindung zum Fall Jarfi haben, weil er sich in ihrer Gemeinde ereignet hat und sie ihn noch nicht verarbeitet haben. Drittens muss das Thema in irgendeiner Weise »mythologisch« sein, es muss den Status einer Allegorie erlangt haben. Es sollte also nicht zu aktuell sein. Als ich **Die letzten Tage der Ceaușescus** machte, haben mich Leute gefragt, wieso ich kein Stück über Saddam Hussein mache, weil der doch gerade hingerichtet worden war. Doch eben weil der

Tod der Ceauşescus schon ikonisch geworden war, bot er besseres Material für eine Performance. Husseins Tod war zu direkt, zu offensichtlich, zu sehr »wie die Faust aufs Auge«.

Um noch einmal auf etwas zurückzukommen, was Sie vorhin sagten: Glauben Sie, dass das Mobbing, das Sie als Kind erlebt haben, Ihre Faszination für Gewalt genährt hat? Ich merke das an mir selbst: Wenn man gemobbt und schikaniert wird, dann wird es zu einer Art Überlebensmechanismus, zu verstehen, wo (diese) Gewalt herkommt, denn wenn man sie verstehen kann, hat man sie unter Kontrolle und ist in Sicherheit.

Ich kenne diesen Wunsch nach Verstehen, das habe ich auch gewollt, als ich mir das Bild mit den japanischen Soldaten und den chinesischen Kriegsgefangenen anschaute: Zu dieser Zeit meines Lebens wurde ich schon gemobbt. Darum habe ich auch das Stück **The Interrogation** mit Édouard Louis gemacht; bei dieser ganzen Aufführung geht es um jemanden, der gemobbt wird und Rache durch Kunst will. »Ich werde reich und berühmt werden, und meine Peiniger werden weiter in Armut leben, und dann wird es ihnen leidtun«, sagt Édouard im Stück. In der Wirklichkeit funktioniert das natürlich nicht so. Wer gemobbt wird, vergisst das sein Leben lang nicht mehr, während die Übeltäter es längst vergessen haben, für sie ist es ja kein Trauma. Als Opfer bleibt man immer allein mit seinem Schmerz. Doch in der Kunst kann man diesen Schmerz vergegenständlichen, untersuchen, dekonstruieren, in einem sicheren Umfeld, das man gemeinsam mit allen Beteiligten kontrollieren kann. Das bedeutet es, »etwas auf die Bühne zu bringen«. Ich glaube also, für mich (und auch für Édouard) ist das eine wichtige künstlerische Motivation: Indem man seinen eigenen Schmerz auf verschiedene Weise in Kunst verwandelt, hofft man – einerseits –, dass der Schmerz sich in den Augen des Publikums in Schönheit verwandelt, und – andererseits – dass der Prozess einem Einsichten in den Schmerz gewährt, damit man ihn dann austreiben kann.

Vielleicht geht es bei dem Mechanismus in Wirklichkeit gar nicht so sehr darum, die Menschen zu demütigen, die dich früher gedemütigt haben, sondern eher darum, ein Kunstwerk zu schaffen, für das dich alle, die es sehen, für immer bedingungslos lieben müssen. Das ist natürlich Narzissmus, aber ich glaube, es treibt viele Künstlerinnen und Künstler insgeheim an. Es gibt eine Anekdote über Marlon Brando, der auf einer Party mit fünfhundert Gästen einfach zu gehen beschließen konnte, wenn er das Gefühl hatte, dass eine Person darunter ihn nicht leiden konnte *(lacht)*. Es wird immer Menschen geben, die dich ablehnen, dich und deine Arbeit, und oft auch aus gutem Grund. Als wir **Hate Radio**, das Stück über den Genozid in Ruanda, im Kongo aufgeführt haben, haben die Leute gesagt: »Aber Ruanda ist bei uns einmarschiert. Wir hatten hier auch einen Völkermord! Warum redet ihr nicht über uns?« Oder als wir **The Interrogation** in Paris gezeigt haben, da wurde es von vielen Kritikern als narzisstisches Stück aufgefasst. Als Ausweg aus dieser Lage kann man für gegenseitige Anerkennung im Team sorgen, mit dem man im Produktionsprozess zusammenarbeitet, so dass man darauf vertrauen kann, dass sich während des Prozesses oder danach niemand von diesen Menschen gegen das Werk wendet. Allerdings kann man diese Möglichkeit auch nie ganz ausschließen – auch nicht mit Dutzenden von Dramaturginnen, Coaches, Konsenskoordinatorinnen und so weiter. Denn es bleibt menschliche Arbeit.

Es gibt eine interessante Diskrepanz zwischen ihrer Wahrnehmung – in manchen Kreisen – als Künstler und dem tatsächlichen Inhalt Ihrer Arbeit. Sie stehen im Ruf, in Ihrer Arbeit die schlimmsten Dinge zu

zeigen, fast wie ein Lars von Trier oder ein Pasolini, doch die Werke selbst sind dann oft viel weicher und menschlicher, als man bei diesem Ruf erwarten würde.

Das ist mir selbst schon aufgefallen, vor allem in meinem Heimatland. Die Schweizer Kritiker schreiben oft genau das Gleiche über meine Arbeit: Sie erwarten Kontroverse, und wenn sie sich dann das Stück anschauen, sind sie fast enttäuscht und schreiben, ich sei wohl alt geworden. Das passiert mir schon, seit ich fünfundzwanzig bin *(lacht)*. Aber ich glaube, dass trifft auf einige Künstlerinnen und Künstler zu: Ich habe neulich **The NarcoSexuals** von Dries Verhoeven gesehen, worin es um Chemsex und die freie Sexualität in der Schwulenszene geht. Das ist tatsächlich eine sehr entwaffnende, zarte Performance über das Zusammensein. Und so verhält es sich übrigens auch mit den meisten Arbeiten von Lars von Trier oder Pasolini. Um noch einmal zum Anfang unseres Gesprächs zurückzukehren, als wir über »absichtliche Missverständnisse« geredet haben: Ich fand an **The NarcoSexuals** interessant, dass man es leicht als Klischees bestärkende Aufführung lesen kann, wo man einer Gruppe nackter Männer zuschaut, die gemeinsam Drogen nehmen, und am Ende kommt der Rettungswagen. Ich selbst sehe die Nuancen der Darstellung, weil die Kombination von Humanismus und Grenzüberschreitung eben mein Ding ist. Doch ein boshafter Zuschauer kann auch leicht in den sozialen Medien posten, dass »Dries Verhoeven die gesamte schwule Gemeinschaft beschämt«. Die Möglichkeit besteht immer. Egal, wie sehr alle Mitwirkenden das Projekt unterstützt und getragen haben, das kann leicht den ganzen künstlerischen Prozess in die Luft jagen. Das ist die toxische Realität unserer Zeit.

Zweiter Akt: Hin zu einer Schule des Widerstands

Milo Rau sucht nach Wegen, den »tragischen Geist« in seinen Werken umzufunktionieren, um den soziokulturellen Status Quo zu überwinden, den uns die Dominanz der Tragödie hinterlassen hat. Welche Erfahrungen hat Rau mit der Integration verschiedener Formen der Performanz wie Gerichtsprozessen, Tribunalen und Gesellschafterversammlungen in seine Arbeit gemacht? Welche Rolle kann die Kunst bei der Demontage toxischer Machtstrukturen und willkürlicher Spaltungen spielen? In diesem Akt werden die Chancen von Kunst und Theater als Formen des Widerstands oder gar als Instrument der Revolution diskutiert.

2019 haben Sie angefangen, mit der brasilianischen sozialen Bewegung MST (Movimento dos Trabalhadores Rurais Sem Terra, zu deutsch: Bewegung der Landarbeiter/innen ohne Boden oder kurz Bewegung der Landlosen) an einer Adaption von Sophokles' ANTIGONE zu arbeiten, die ANTIGONE IM AMAZONAS heißen soll. Nach den ersten Workshops Anfang 2020, die dann von Covid unterbrochen und bis Ende 2022 aufgeschoben wurden, haben Sie einmal erwähnt, dass die Landlosen das tragische Ende sofort umschreiben wollten. Denn »ein Marxist kämpft immer weiter, er würde sich niemals umbringen.«

Rau: Für diese landlosen Arbeiterinnen und Arbeiter ist der Kampf gegen den Kapitalismus im Grunde Lebenspraxis. Wenn sie von *Kämpfen* sprechen, dann meinen sie nicht bloß Aktionen oder bewaffnete Auseinandersetzungen. Sie haben eine viel ganzheitlichere Sicht: Ihre ganze Organisationsform ist *der Kampf*, von der gemeinsamen Zubereitung und dem Verzehr ihrer Mahlzeiten bis zu der Art, wie sie Entscheidungen treffen, wie sie sich selbst und einander weiterbilden. Kunst und Landwirtschaft, Gerichtsprozesse und politische Aktionen: Das ist für sie alles Teil derselben Sache. Ihre kollektive *Praxis* wird also von allem getragen und durchdringt alles. Das fand ich sehr inspirierend, vor allem, wenn man weiß, wie wir in Europa Gemeinschaften zu gründen versuchen. Heute morgen haben wir zum Beispiel ein Treffen des gesamten Teams vom NTGent organisiert, künstlerische und nicht-künstlerische Mitwirkende, bei dem es um die »Werte« der Organisation ging. Das ist zwar wichtig, aber fühlt sich auch wie ein Trend des neoliberalen Managements an: über »Werte« zu reden, weil man die dann kodifizieren und Regeln danach aufstellen kann. Aber so leicht ist es nicht, denn jeder Mensch hat eigene Vorstellungen, was diese Werte in der Praxis tatsächlich bedeuten. Nehmen wir zum Beispiel das Konzept der »Vulnerabilität«. Man kann das als wichtigen Wert der Organisation postulieren. Aber dann stellt sich die Frage: Wie zeigt man diese Verletzlichkeit? Und verlangt man sie auch von jedem einzelnen Mitglied? Für manche im Team ist Verletzlichkeit vielleicht mit Scham behaftet. Was heißt es also, von ihnen zu verlangen, dass sie Verletzlichkeit zeigen? Könnte das nicht vielleicht auch ein Akt der Gewalt sein? Um das an einem konkreten Beispiel zu illustrieren: Wenn ein Mitarbeiter oder eine Mitarbeiterin meines Teams krank geschrieben ist, kommuniziere ich das nie nach außen. Ich sage immer, sie haben Urlaub, weil ich so erzogen wurde, dass die Privatsphäre eines

Menschen unbedingt zu respektieren ist. Einige jüngere Menschen aus meinem Team sind da anderer Ansicht. Sie meinen, diese Praxis trägt nur zu dem Problem bei, dass niemand verletzlich sein darf. Darüber lohnt es sich nachzudenken. Aber dann geht man nach Brasilien, und dort haben sie über Generationen gelernt: Wenn du Opfer bist, bedeutet das, es ist vorbei. Darum betrachten sie sich selbst nie als Opfer. Wenn man mit ihnen Diskussionen über »Verletzlichkeit« anfängt, halten sie das für eine Art perversen Luxus westlicher Eliten. Alles, was sie erleben, ist Teil des Lebens, Teil des Kampfes. Als im März 2020 während unserer ersten Probephase im Amazonas die Corona-Pandemie Brasilien erreichte, dauerte es sehr lange, bis wir die Leitung des MST von einem Abbruch überzeugen konnten. Für sie war es undenkbar, ein Projekt einfach abzubrechen.

Aber gibt es nicht einen Unterschied zwischen »Verletzlichkeit zeigen« und »Opfer sein«?

Sicher. Wie Sie wissen, habe ich ein ganzes Stück über Verletzlichkeit auf die Bühne gebracht: **The Interrogation.** Ich möchte bloß das Konzept der »Verletzlichkeit« kritisieren, weil ich schon oft gesehen habe, wie stark es missbraucht werden kann; wenn Verletzlichkeit zum Beispiel als rhetorische

Strategie benutzt wird, um Menschen weniger mächtig wirken zu lassen, als sie wirklich sind. Wir haben zum Beispiel **Das Neue Evangelium** in dreizehn US-amerikanischen Städten aufgeführt, in Zusammenarbeit mit und anderen NGOs, und es ließ sich beobachten, dass viele privilegierte Menschen wie zum Beispiel ältere Kuratoren, die bei den anschließenden Fragerunden anwesend waren, in ihren Beiträgen die Ausdrücke »ganz bescheiden« und »ich stelle nur mal die Frage« benutzten. Das aber vor allem, um unter diesem Deckmantel konservativer Kritik zu äußern. Ich glaube, diese demonstrative Bescheidenheit und Verletzlichkeit wird missbraucht, um den Diskurs weiterhin dominieren zu können. Dieser Missbrauch von Verletzlichkeit erstreckt sich auch auf unser Verhältnis zur Arbeitskraft. Während der Corona-Krise wurde sehr deutlich, dass die westliche Mittelschicht selbst bei einem fast vollständigen gesellschaftlichen Stillstand immer noch im Luxus lebt. Weil die Menschen im globalen Süden und die Unterprivilegierten in unseren eigenen Gesellschaften weiterarbeiten und wir sie rücksichtslos ausbeuten. Wir können uns durch Homeoffice etc. schützen und sind gleichzeitig in der Lage, Pizza zu bestellen. Und wir haben keine Ahnung, wo die Pizza eigentlich herkommt. Für unsere

»Verletzlichkeit« bezahlen andere. In dieser Hinsicht haben wir den Kontakt zur Bedeutung unserer Arbeit verloren: Auch wenn wir nicht oder im Homeoffice arbeiten, dreht sich die Welt weiter. Unsere ganze Gesellschaft funktioniert weiter.

Das gilt sogar für Künstlerinnen und Künstler, für den Kulturbereich. Letzte Woche habe ich mich mit dem Szenografen Kris Verdonck unterhalten, weil wir die Karten für eine seiner Performances nicht so gut verkauften und wir überlegten, ob wir die Hälfte der geplanten Vorstellungen absagen. Er war strikt dagegen und sagte, er habe das Gefühl, dass das Theater oder sogar die Künstlerinnen und Künstler selbst inzwischen bei jeder Gelegenheit ihre Vorstellungen absagten, weil sie nicht mehr an die Notwendigkeit glauben, es einfach zu machen, ganz egal, wie viele Menschen es sehen. Das erkenne ich auch bei mir selbst. Während der Corona-Zeit habe ich meine Kinder viel mehr gesehen. Ich habe jede Menge Bücher gelesen und musste nicht alle fünf Minuten zu einem Meeting. Da fängt man an, sich zu fragen, ob alles, was man tut, die ganze Hektik, wirklich nötig ist. Die Mitglieder von MST haben dieses »Problem« nicht, denn alles, was sie tun, steht in Verbindung mit ihrem Kampf. Sie wollen nur dann eine Geschichte erzählen oder Kunst produzieren, wenn es ihrem Anliegen dient. Als ich 2020 anfing, mit ihnen Sophokles' **Antigone** zu lesen, haben sie das Stück sofort für ihre Zwecke adaptiert und durch die Brille ihres Aktivismus' gelesen. Das Gleiche passierte bei einem Gewerkschaftsführer, den ich als Judas im **Neuen Evangelium** besetzt hatte: Er war nur unter der Bedingung zur Mitarbeit bereit, dass er sich nicht aufhängen würde wie in den Filmen von Pasolini und Mel Gibson. Wenn man mit Menschen zusammenarbeitet, die klare und starke politische Überzeugungen haben, dann lesen sie klassische Texte auf neue Art und verleihen ihnen neue Bedeutung.

Hat das auch Ihren Blick auf die Klassiker beeinflusst?
Als die Pandemie losging, habe ich einige griechische Tragödien erneut gelesen. Damals inszenierte alle Welt Bearbeitungen von **Decamerone** und **Die Pest**, aber seltsamerweise kam niemand auf **Ödipus**, was doch der älteste westliche Text über eine Stadt ist, die von einer Seuche heimgesucht wird (denn das ist der Fluch, mit dem die Götter Theben wegen Ödipus' Verfehlungen belegen). Diesem sehr düsteren Stück liegt folgende Logik zugrunde: Theben ist eine von Perversion zerfressene Stadt, sie muss zerstört

werden, und der König muss sich die Augen ausstechen, damit die »moderne Zivilisation« entstehen kann. So wurde es jedenfalls immer gelesen, aber man kann es auch anders verstehen, nämlich: Es ist eben gerade die moderne, rationale Herrschaft (des Ödipus), die so schmerzhaft aufgeklärt ist über ihre eigenen perversen, irrationalen Grundlagen. Die Frage ist also weniger: Was steht in den Klassikern? Sondern eher: Wie lesen wir sie? Und man kann die Art, Klassiker zu lesen, nur verändern, indem man sie mit Menschen liest, die einen ganz anderen Hintergrund haben – denn wir sind ja alle beschränkt, nicht wahr? Und das gilt auch für all unsere festgefügten Vorstellungen über das Erzählen wie die Fünf-Akt-Struktur, die Notwendigkeit von Anfang, Mitte und Ende und so weiter. Für meine Inszenierung des **Wilhelm Tell** in Zürich hat man eine Dokumentation hinter den Kulissen gedreht. Das Programmschema des Fernsehens verlangte, dass der Film 53 Minuten lang ist, und man merkt schon fünfzehn Minuten vor dem Ende, dass sie auf eine Auflösung hinarbeiten. So erzählen wir Geschichten. Die westliche Dramaturgie kommt einem manchmal vor wie ein alternder Konzeptkünstler, wie ein Zirkuspferd, das nur ein Kunststück kann *(lacht)*.

Es ist verblüffend, dass wir uns immer noch nicht wirklich von diesen Traditionen verabschiedet haben. Trotz all der neuen Wege, Geschichten zu erzählen und die Welt zu sehen, die uns durch moderne Medien und Techniken geboten werden, können wir uns offenbar nicht von der Heldenreise und ihrem Fokus auf Individualismus lösen. Es ist uns offenbar gar nicht richtig bewusst, dass es viele andere Möglichkeiten gibt, die Welt zu beschreiben. Ein möglicher Weg zur Veränderung wäre ein Blick in ein breiteres kulturelles Archiv. Manche Ethnologen oder Anthropologen vertreten zum Beispiel – wie David Graeber in **Anfänge. Eine neue Geschichte der Menschheit** – die Ansicht, dass die sogenannten primitiven Gesellschaften auf einem »organisierten Anarchismus« basierten. Sie haben keine staatliche Organisation geschaffen, und die Führung wurde immer aufgrund von Charisma anstatt von Herkunft vergeben. Und diese Führung brauchte immer die Unterstützung der Gruppe, die auch jederzeit entzogen werden konnte. Wohingegen in modernen Gesellschaften Macht institutionalisiert wird. Und unsere Geschichten spiegeln das wider. Und noch mehr: Unsere Geschichten dienen dazu, den *Status Quo* zu schützen, die Institutionen und traditionellen Werte zu bewahren, die unsere Gesellschaften zusammenhalten. Wenn man sich die Klassiker also anders anschaut – wie in einem Labor, um traditionelle Gesellschaften mit institutionalisierter Macht zu konfrontieren –, dann findet man neue Bedeutungen. Wenn man sich also zum Beispiel **Antigone** anschaut, dann ist der wahre Held des Stücks Kreon, denn er versucht sich über die Tragödie hinauszubewegen. Er versucht das ganze Stück über eine Lösung zu finden, mit der alle leben können. Er versucht, das tragische Denken innerhalb der Grenzen der Tragödie zu bekämpfen. Darum haben wir mit dem MST beschlossen, Kreon durch Lula zu personifizieren, die Ikone der klassischen politischen Linken in Brasilien. Das ist ähnlich wie bei dem Thema, über das wir vorhin gesprochen haben: Dass man sich durch das Trauma, durch das tragische Denken hindurchbewegen muss, um es zu überwinden. Das meine ich ganz wörtlich. Als ich hier am NTGent angefangen habe, lautete einer der Grundsätze meines Manifests »Schreibt eure eigenen Klassiker«: Wie kann man die Klassiker so bearbeiten, dass sie im aktuellen Kontext Sinn ergeben? Welche Anachronismen gibt es da? Wie können wir sie sowohl dialektisch als auch praktisch überwinden? Und so weiter. Aber dann arbeitet man mit MST zusammen, und die sagen: »Aber Leute, ihr habt das nicht zu

Ende gedacht.« Und sie haben Recht, denn wir stecken von Haus aus in unserer westlichen Erzähllogik fest, und damit auch in der Logik kapitalistischen Denkens. Darum haben wir am NTGent die *Schule des Widerstands* etabliert, unseren globalen Thinktank aus Aktivist/innen und Künstler/innen: Um den westlichen Universalismus herauszufordern und ihm Widerstand zu leisten.

Das Interessante am Konzept des *tragischen Denkens* ist ja, dass der Gedanke des sozialen Determinismus im Augenblick sehr kritisch unter die Lupe genommen wird. Im gesellschaftlichen Diskurs der letzten fünf oder zehn Jahre wurde alles, was mit »Identität« zu tun hat, weitgehend als soziales Konstrukt neu bewertet: Wir sind durch bestimmte Vorstellungen von beispielsweise Männlichkeit und Weiblichkeit programmiert und agieren dann in diesen Rollen. Wenn wir uns dessen bewusst werden, können wir dieser Programmierung und damit auch dem Drehbuch des tragischen Denkens möglicherweise entrinnen.

Der Gedanke wurde natürlich schon viel früher eingeführt, nämlich von Simone de Beauvoir in ihrem Klassiker **Das andere Geschlecht**. Dieses Buch spielt mit bestimmten Vorstellungen von Freiheit, die auch

Sartre untersucht hat. Er sagte zum Beispiel, dass es sogar in den Vernichtungslagern der Nazis letztlich individuelle Freiheit gab. Aber da liegt natürlich auch die Grenze der existentialistischen Ermächtigung. Wenn man wochenlang ausgehungert und bis zur Erschöpfung zur Arbeit getrieben wird, dann funktioniert das einfach nicht. Man wird nämlich auf das nackte Überleben reduziert. Im Allgemeinen glaube ich also, dass unsere Lebensbedingungen und das sozio-ökonomische Umfeld eine entscheidende Rolle für die relativen Grade von Freiheit und Selbstbestimmung spielen – weshalb all die unterschiedlichen Befreiungen der Nachkriegszeit leider zum größten Teil auf die privilegierten Zentren des globalen Kapitalismus beschränkt blieben.

Die Frage der Freiheit spielt auch eine große Rolle in den aktuellen Diskussionen über Sex und Intimität: Wann gibt jemand aus freiem Willen Einverständnis? Wann ist jemand nicht frei, zum Beispiel wegen eines Machtgefälles, wegen Abhängigkeiten, wegen Bewusstseinstrübung, wegen Gewaltandrohung und dergleichen?

Oder wegen der finanziellen Umstände! Beim Team-Meeting vorhin haben wir über Werte gesprochen. Aber wir haben festgestellt, dass wir nur auf diese neuen Werte hinarbeiten können, wenn sie durch mehr Geld unterstützt werden. Wenn man zum Beispiel darauf hinarbeiten möchte, als Organisation transparenter zu werden, erfordert das zusätzliche Arbeit und Zeit. Denn man muss die inneren Abläufe der Organisation aktiver nach außen kommunizieren – wie wir das beispielsweise mit unseren Dokumentationen über **Lam Gods, Orest in Mossul, Das Neue Evangelium** oder Luc Percevals Stücke gemacht haben. Wann man aber nicht genug Geld hat, um für diese Zusatzarbeit zu bezahlen, müssen die vorhandenen Menschen sie selbst zusätzlich leisten. Was zu größerem Druck und schließlich zu mehr Burnouts führt. Wenn man keine Zeit oder kein Geld oder keine Leute hat, wendet sich jede idealistische Idee, die man einzuführen versucht, ins Gegenteil: mehr Unterdrückung, mehr Kontrolle.

Sie nehmen dabei an, dass man nur Tätigkeiten hinzufügt und nie welche abzieht. Man könnte ja auch sagen: Wir haben kein zusätzliches Geld, um diese neuen Ideen umzusetzen, also müssen einige der alten Ideen rausfliegen.

Natürlich, diese Wahl muss man treffen. Darum denke ich auch, die Zeiten fester Ensembles sind vorbei. Das ehemalige Ensemble des NTGent, das aus zwölf Menschen bestand, war ein Gruppe weißer Menschen, die alle aus der Mittel- und Oberschicht stammten und von Kunsthochschulen kamen. Das hat nicht bloß Dutzende von Schauspieler/innen ausgeschlossen, sondern auch die Art und Weise beschränkt, wie dort Theater gemacht wurde. Und wenn man nur auf die traditionelle Art und Weise produziert und inszeniert, dann zieht man auch immer nur das gleiche Publikum an. Wir arbeiten jetzt am NTGent mit über fünfzig Schauspieler/innen in unserem »globalen Ensemble« – Stars, aber auch Menschen direkt von der Schule, Laien, Aktivist/innen, Kollektive. Ich finde, eine monolithische Vorstellung von künstlerischer »Exzellenz« erstickt den künstlerischen Ausdruck. Ich habe gerade ein Video des niederländischen Kritikerkollektivs KIRAC gesehen, das sie an der Genter Kunsthochschule KIOSK/KASK gedreht haben, worin sie die Arbeit eines jungen Studenten komplett zerstören und zugleich auch den – sagen wir mal – demokratischen Ansatz der KASK im Allgemeinen. Es handelt sich dabei um eine Art ironischen Konservatismus, sie plädieren für eine Art Meister-Schüler-Verhältnis, für Künstler/innen, bei denen handwerkliches Können wieder mehr im Mittelpunkt steht. Genauso war das Verhältnis zwischen dem Regisseur und künstlerischem Leiter und den Schauspieler/innen (oder dem Ensemble) früher: eine Beziehung zwischen Meister/in und Schüler/innen, zwischen Vater und Familie. Das erinnert mich an das Schweizer Schulsystem, das auch immer noch sehr hierarchisch und undemokratisch organisiert ist. Das führt zu einer unkritischen und homogenen Sicht auf das Wesen der Kunst; dazu, dass eine große Zahl von Menschen immer wieder die gleichen alten Stücke anschaut, als eine Art klassenspezifisches Ritual und nicht als Ort zum Austausch von Ideen. Ich akzeptiere das als Ritual, denn für eine gewisse Zahl von Menschen ist es immer noch wertvoll, und ein Stadttheater ist für alle da. Aber das sollte nie die einzige, nicht einmal die vorherrschende Form von Theater sein, wenn wir es als demokratische Institution präsentieren.

Wir haben jetzt darüber gesprochen, wie Sie mit dem *tragischen Denken* in Ihren eher *narrativen* Stücken wie DIE WIEDERHOLUNG oder DAS NEUE EVANGELIUM umgehen. Aber wie adressieren Arbeiten wie DIE MOSKAUER PROZESSE oder DAS KONGO TRIBUNAL die Logik der Tragödie?

In meinen Arbeiten, die bestimmte institutionelle Formate wie Gerichtsverfahren oder Tribunale nachstellen, wird das Theater zum Ort der Wahrheit, denn die Institutionen selbst sind politisiert oder korrumpiert worden. Daher versuchen diese Projekte, solche institutionellen Formate als einen Akt der Rückforderung darzustellen, indem sie zeigen, wie die Institutionen eigentlich funktionieren sollten. Gerichtsverfahren spielen in den ersten Tragödien eine große Rolle – wie wir wissen, beginnen oder enden viele der griechischen Tragödien mit einer Art von Prozess. Der griechische Tragödienchor ist selbst eine Art Tribunal oder Geschworenenjury. Und die Form des Prozesses hat viele Gemeinsamkeiten mit dem tragischen Narrativ: der Fokus auf feindliche Gegenspieler, die Suche nach Wahrheit, die Bedeutung des Hinarbeitens auf ein Ende, eine Auflösung. All diese Aspekte sind in unsere Art des Erzählens gesickert, auch die Art, wie Nachrichten journalistisch präsentiert werden. Zweitens bieten Prozesse und Tribunale die Möglichkeit, Dinge zu dekonstruieren, die zu komplex scheinen, um sie zu verstehen, wie die globalisierte Wirtschaft. Indem man die unterschiedlichen Akteure in einer bestimmten Konstellation zusammenbringt (das heißt die Menschen, die für die unterschiedlichen Konstituenten eines größeren Mechanismus verantwortlich sind, vom bescheidenen Bergarbeiter bis zum

Direktor eines internationalen Konzerns). Innerhalb eines festgelegten Zeitrahmens müssen sie einander zuhören. Das ermöglicht auch ein neues Nachdenken darüber, welche Institutionen wir tatsächlich brauchen, um uns den aktuellen Herausforderungen wie globaler Ungleichheit und Klimakrise stellen zu können; so wie wir es bei **General Assembly** versucht haben, wo es um die Schaffung eines Weltparlaments ging. Denn wir können das *tragische Denken* dieses Nullsummenspiels nur durchbrechen, wenn wir jeden Weltbürger, jede Weltbürgerin als gleichwertig behandeln und den globalen Reichtum gleichmäßiger verteilen. Daher zeigen Arbeiten wie **Die Moskauer Prozesse, Das Kongo Tribunal** und **General Assembly** das tragische Funktionieren unserer derzeitigen Institutionen und versuchen gleichzeitig, es durch das Aufzeigen von Alternativen zu überwinden. Das korrespondiert wiederum direkt mit dem, was wir zuvor besprochen haben, dem »Durcharbeiten durch das Trauma«. Das ist eine notwendige Funktion von Kunst, gerade in einer Zeit, da die etablierten politischen Parteien alle in einer Art »Sozialdemokratischem Realismus« feststecken, wie ich es nenne, wo zwar alle ihre Meinung sagen können, sich das System letztendlich aber nicht ändert.

Was meinen Sie mit diesem Begriff? Hängt das mit dem sogenannten *Dritten Weg* sozialdemokratischer Politik zusammen, wie ihn Tony Blair in Großbritannien und Bill Clinton in den USA entwickelt haben? Er postulierte einen *pragmatischen* politischen Ansatz, der sich aber im Grunde nur der neoliberalen Ideologie beugte.

Ich spreche vom künstlerischen Kontext. Sozialdemokratischer Realismus heißt zum Beispiel, eine Person of Color als Hamlet zu besetzen, aber am Text des Stücks nichts zu ändern, die Produktion von Unternehmen sponsern zu lassen, die von Kinderarbeit im Kongo profitieren, und das in einem Umfeld, wo alle Schauspieler/innen und künstlerischen Mitarbeiter/innen zur privilegierten Schicht gehören und von Kunsthochschulen kommen. Da geht es um Oberflächlichkeit und die künstliche Umverteilung von Macht innerhalb einer bestimmten Gruppe, solange der wirkliche Ist-Zustand unverändert bleibt. Man schafft bloß ein Spektakel für ein elitäres Publikum, damit es sich gut fühlen kann, ohne aber sein Verhalten irgendwie in Frage zu stellen. Sozialer Realismus hat wenigstens versucht, die Welt zu verändern, indem man das Leben der Marginalisierten gezeigt und ins Reich der Kunst gehoben hat (bevor Stalin all dies zu totalitärer Propaganda pervertierte). Doch der Sozialdemokratische Realismus versucht sein Publikum mit dem Trugbild falschen Fortschritts einzulullen. Und ich würde das alles kontern mit »Globalem Realismus«, wie ich es nenne. Das bedeutet, man sucht nach einer Ästhetik, die der Komplexität einer globalisierten Welt gerecht wird. So wie das, was wir mit **Das Kongo Tribunal** und **General Assembly** versucht haben. Dabei geht es vor allem um die Produktionsstruktur: Man bringt Menschen aus »unvorhergesehenen Kollektiven« zusammen, wie ich sie nenne (denn mit »Kollektiven« meinen wir heute meist bloß Menschen, die sich in Kunsthochschulen kennengelernt haben). Die erstaunlichsten Menschen begegnen sich (aus unterschiedlichen Berufen und Hintergründen, aus verschiedenen Gegenden der Welt) und verhandeln miteinander, um gemeinsam ein Kunstwerk zu schaffen, was zu einer völlig neuen Interpretation führt. Es ist eine Art Fusion komplett unterschiedlicher Musikstile, so als würde man Bluesmusik mit karibischem Reggae und – sagen wir – schottischen Dudelsäcken zusammenbringen, und es funktioniert irgendwie. Idealerweise ist das nicht bloß eklektisch, sondern die neue Konstruktion eines ganzen Systems zusammenhängender Handlungen, welche die Situation verändern und Kunst produzieren. Allerdings muss man bei einem solchen Ansatz sehr darauf achten, dass ein echtes Kollektiv entsteht, nicht bloß eine Gruppe von Menschen, denen ein Regisseur oder eine Regisseurin seine oder ihre Sichtweise aufzwingen kann. Die postmoderne Kritik an einem Konzept wie »Weltregierung« lautet, dass sie nicht funktionieren kann, weil jede Kultur mit unterschiedlichen Regeln, Normen, Werten operiert. Was natürlich stimmt – aber ich glaube, eben darum muss man wahrhaftig mit Hilfe eines Kollektivs denken, damit alle Sichtweisen auf Augenhöhe sind. Und es gibt ein paar »Regeln«, damit das funktionieren kann: dass es genug Zeit für den ganzen Prozess gibt, dass Scheitern möglich ist, dass der Prozess wichtiger ist als die Premiere, dass das Publikum schon zum Prozess eingeladen wird und nicht bloß zum Endprodukt, und dass die Form des Kunstwerks nicht schon vorher festgelegt ist, sondern vom Prozess abhängt. All diese Dinge haben wir im *Genter Manifest* erwähnt. Und all das macht für mich Globalen Realismus aus.

Es geht also um nicht-hierarchische Kollektive, in denen alle gleichermaßen (oder gleichberechtigt und gleichwertig) aus ihrer eigenen Perspektive zum Prozess und zum Kunstwerk beitragen. Mit ausreichend

unterschiedlichen Sichtweisen im Team, damit es im kleinen Rahmen die globale Komplexität repräsentieren kann.
So ist es. Das Problem der Hierarchie tritt am stärksten in Kollektiven auf, wo alle gleich sind. Dann entscheidet nur die Stellung, ob sein oder ihr Wissen Gewicht hat oder nicht. Wenn man aber eine Mischung verschiedener Menschen hat, haben alle eine unterschiedliche Expertise, und können ganz natürlich akzeptieren, dass andere über ein bestimmtes Thema mehr wissen als sie selbst.

Würde das aber nicht in manchen Fällen doch darauf hinauslaufen, dass eine Sichtweise gegenüber einer anderen privilegiert wird, wenn künstlerische Entscheidungen getroffen werden müssen? Warum wäre das von Haus aus harmonischer?
Oh, das ist nicht harmonisch, überhaupt nicht. Während des Prozesses zu Wilhelm Tell zum Beispiel habe ich nicht bloß mit Menschen mit Behinderung und People of Color gearbeitet, sondern auch – zum Beispiel – mit einem Polizisten, der sehr traditionell denkt. Er ist also ideologisch fast mein Gegenpart. Ich habe in den letzten fünfundzwanzig Jahren ständig in allen möglichen Zusammenhängen gegen Polizeigewalt protestiert. Aber beim **Wilhelm Tell** habe

ich zum ersten Mal einem Polizisten zugehört. Und für ihn galt das genauso! Ergebnis war die Dekonstruktion von Hierarchien. Ich weiß noch, dass er an einem bestimmten Punkt des Prozesses nicht pünktlich zum Treffen erschien. Also sagte ich zu ihm: »Sie müssen um 17 Uhr hier sein, das steht in Ihrem Vertrag.« Worauf er antwortete: »Sonst bezahlen Sie mich nicht mehr? Das ist mir scheißegal.« *(lacht)* Er hat mich in meiner Funktion als »Regisseur« überhaupt nicht respektiert. Ich versuche eine grundsätzliche Ebene von Respektlosigkeit mit all meinen Mitwirkenden zu haben, nicht nur mit den Aktivist/innen oder den Dramaturg/innen, die mich natürlich sowieso ständig kritisieren. Das ist in gewisser Weise befreiend: Gegenseitiger Respekt und Loyalität innerhalb des Projekts, aber zugleich totale Unabhängigkeit hinsichtlich der »Stellung«. Das ist ein weiterer Grund, warum Diversität so gut für Institutionen ist: Man konzentriert sich auf den Inhalt, nicht auf den Status.

Man hört oft, dass es genau umgekehrt ist. Wenn zum Beispiel PoCs eine Stellung in einer vorwiegend weißen Institution bekommen (oder auch nur eine Frau in einer überwiegend männlich besetzten Umgebung), dann finden sie es oft schwierig, gehört zu

werden, eben *weil* sie nicht als gleichberechtigt wahrgenommen werden. Ihre Kritik wird oft als Feindseligkeit ausgelegt. Und wenn dann jemand aus der dominanten Gruppe genau dasselbe sagt, wird es viel offener aufgenommen.

Das stimmt. Nach meiner Erfahrung besteht der größte Unterschied in dieser Hinsicht zwischen Profis und Nicht-Profis – übrigens nicht nur beim Theater, sondern auch in der Politik, wo sich die »politische Klasse« benimmt wie die »künstlerische Klasse« und junge Aktivist/innen nicht ernstgenommen werden. Darum bestehe ich auch bei jedem Projekt, das ich angehe, und jeder institutionellen Interaktion auf mehr Inklusion. Denn nach meiner Erfahrung bei Projekten wie **Das Kongo Tribunal** oder **Das Neue Evangelium**, wo sich Künstler/innen, Aktivist/innen, Wissenschaftler/innen und Landarbeiter/innen begegnen, gibt es von einem bestimmten Punkt an, wenn man *wirkliche* künstlerische Inklusion betreibt, keine dominante Gruppe und kein dominantes Verhalten mehr. Denn der Gedanke, dass jede und jeder eine eigene Perspektive einbringt, über eigene Expertise verfügt und dass alle verschieden sind, ist bereits akzeptiert.

Könnten Sie näher erläutern, was Sie mit »wirklicher künstlerischer Inklusion« meinen?
Es geht um Koexistenz. Das ist wie in der Gesellschaft allgemein: Ein Stadttheater kann ganz unterschiedliche künstlerische Strategien und Persönlichkeiten innerhalb einer Organisation vereinen, und man muss nicht vorher beweisen, dass man »hierher gehört«. Die Grundlange, auf der ich mit dem Polizisten arbeitete und er mit mir, war der bedingungslose Respekt für unsere unterschiedliche biografische und berufliche Expertise. In **Wilhelm Tell** spielt er eine Jagdszene, die aus meiner Sicht theatralisch fragwürdig ist – aber es ist seine Realität. Also muss ich das akzeptieren. Aber natürlich hat das auch praktische Grenzen. Wenn zum Beispiel eine der Personen innerhalb der Institution mehr Raum für sich beansprucht und nicht akzeptiert, dass andere eine gleichwertige Stimme und Stellung haben. Wie Karl Popper sagte: »Man kann den Intoleranten gegenüber nicht tolerant sein.«

Wie gehen Sie denn damit um, wenn es passiert? Ich kann mir vorstellen, dass es *Starregisseuren*, die einen gewissen Status innerhalb eines Theaters gewohnt sind, schwerfällt, den Raum mit vielen anderen zu teilen. Denn das heißt, Raum und Macht abzugeben.

Eine Möglichkeit ist, mit Geld nach dem Problem zu schmeißen, bis es weggeht. Das sehe ich in der Schweiz, wo die Stadttheater viel höhere Etats haben als in Belgien und wo man die Regisseurinnen und Regisseure einfach voneinander fernhält, indem man ihnen ein großes Budget gibt und sie ihr Ding machen lässt. Das funktioniert wie Netflix: Man schafft Diversität, indem man in unterschiedliche Aufführungen investiert, und organisiert inszenierte Meetings und Partys, wo sich diese Menschen dann *zufällig* treffen.

Also transphobische Dave-Chappelle-Specials neben LGBTQI+-freundlichen Shows zeigen?

Ja *(lacht)*. So etwas versuchen wir allerdings am NTGent nicht, und das nicht nur, weil uns dafür der Etat fehlt, sondern weil das keine echte Inklusion ist. Das ist bloß Segregation. Für eine bestimmte Generation von Theatermachern fühlt es sich wie eine Bedrohung an, den Platz zu teilen. Und irgendwie ist es das auch. Wenn man das alte Modell *Der Maestro und seine Schauspieler/innen* gewohnt ist und die große Bühne mit jungen Schauspieler/innen, Aktivist/innen, PoCs oder noch schlimmer: einfach nur Bürger/innen teilen muss, kann einem das wie eine Demütigung oder Entweihung vorkommen. Als ich das erkannte, merkte ich auch, wie wichtig es tatsächlich ist, über die Gemeinsamkeiten nachzudenken, die verschiedene Künstler/innen innerhalb einer Institution haben. Um einen etwas neoliberalen Ausdruck zu verwenden: »Vereint sein in der Verschiedenheit.« Darüber haben wir also diskutiert. Wie können wir eine Einrichtung bauen, in der jeder und jede einen Platz hat und wir uns eins fühlen? Die Spielzeitvorstellung, die wir gerade hinter uns haben, wo alle assoziierten Künstler/innen eine eigene Rede als Teil des Ganzen gehalten haben, war dafür ein Beispiel. Der Konflikt mit der »alten Generation«, den die Eröffnung eines neuen Formats unweigerlich herbeiführt, hat uns am NTGent bewusst gemacht, wer wir sind. Und was wir als öffentliche Institution sein wollen. Aber dass auch die Stimmen der Vergangenheit nicht einfach abgetan werden können und einen fairen Platz bekommen müssen.

Das ist eine Menge Arbeit, denn die meisten Künstler/innen – mich selbst eingeschlossen – sind am glücklichsten innerhalb ihrer Projekte. Ich meine, die Dynamik der Arbeit innerhalb eines größeren künstlerischen Projekts ist wie ein Rausch ohne Drogen: Man ist ständig in adrenalingesättigter Panik, man hat eine Deadline, man arbeitet mit einer Gruppe zusammen auf ein Ziel hin. Theater an sich ist eine Art kommunitaristische vorzivilisierte Gesellschaft. Nichts außerhalb des kreativen Prozesses lässt sich mit diesem Bewusstseinszustand vergleichen, weshalb sich alles außerhalb dessen wie Bürokratie anfühlt. Da ist die Versuchung, die Institution selbst zu einem großen Ensemble, zu einer großen Gruppe von Freunde – einer Art Bande oder primitiven Gesellschaft – zu machen, offensichtlich sehr groß. Die alte Generation, groß geworden in den 1990ern oder 1980ern, sind an diese Art von identitärem Stadttheater gewöhnt: Treffpunkte für die Kinder der weißen Mittelschicht. Ich schätze, daher stammt diese Melancholie, diese Nostalgie.

Das ist und war vielleicht immer schon ein Traumbild, denn wir leben in einer modernen Gesellschaft und sind ihren Dynamiken unterworfen, ihren sich wandelnden Regeln und Vorschriften. Wenn Kunst das auf global realistische Weise reflektieren soll, muss man mit der Welt draußen ins Gespräch gehen. Man muss seine Institutionen allen Milieus, allen Schichten, Formaten, Genres öffnen – sonst ist man keine öffentliche Institution mehr, sondern ein privater Freundeskreis. Das bedeutet *wirkliche künstlerische Inklusion*: Eine Institution zu organisieren, die immer mit sich selbst im Streit liegt, die nicht versucht, Unterschiede und Widersprüche aufzulösen, sondern sie begrüßt und eine gemeinsame Identität findet, indem sie diese Unterschiede und Widersprüche interagieren oder sogar aufeinanderprallen lässt. Es ist wieder der tragische Konflikt: Die traditionelle, geschlossene Gesellschaft gegen die moderne, diverse Realität der globalisierten Welt. Ich glaube, die Pandemie hat bei diesem Wandel tatsächlich geholfen, weil wir komplett neu überdenken mussten, wie wir arbeiten, und nicht mehr einfach Stück auf Stück inszenieren konnten.

Sie haben vorhin gesagt, dass die Menschen in der Pandemie ihre Arbeit, ihre Berufung nicht mehr als so dringend empfunden haben. Aber bewerten Menschen nicht einfach nur ihre Arbeitsbedingungen neu? Wenn man sich das *Große Hinschmeißen* in den Vereinigten Staaten anschaut, dann haben sehr viele Menschen vor allem deshalb gekündigt, weil sie in der Krise Zeit zum Nachdenken hatten und merkten, dass sie ausgebeutet wurden. Was unter anderem auch die Gewerkschaften gestärkt hat. Ist es also nicht auch gut, dass Menschen sich weigern, einfach ins Hamsterrad der Arbeitswelt zurückzukehren, ob nun im Kulturbereich oder anderswo?
Historisch kann man nach jeder politischen oder ökonomischen Krise beobachten, wie das System

konservativer wird als vorher. Aber ich glaube, die Pandemic ist ein bisschen anders, denn es gibt keinen politischen Grund, keinen Klassenkampf oder Weltkrieg. Es ist einfach passiert. Abgesehen von dem utopischen Transzendentalismus der ersten Monate nach dem ersten Lockdown ist es deshalb nicht so eindeutig, welche Lehren man daraus ziehen sollte. Im Verlauf der Krise haben wir neu bewertet, was uns Sinn spendet und was sinnvolle Arbeit ist. Ich habe mich immer als Workaholic in dem Sinn betrachtet, dass ich nur glücklich bin, wenn ich an einem Projekt arbeite. Aber als alles zum Stillstand kam, habe ich auch mein Leben neu bewertet. Ich konnte Zeit zu Hause verbringen, mit meinen Töchtern spielen, de Beauvoir lesen, lange Diskussionen führen, lauter persönliche und private Dinge. Das Problem ist nur: Wenn alle Menschen in allen Berufszweigen so fühlen und danach handeln würden, wird die Arbeit nur noch von Menschen getan, die nicht über den Luxus verfügen, zu üblen Arbeitsbedingungen Nein sagen zu können. Es gibt da also eine Dualität: Ja, potentiell ist es gut, dass Menschen in westlichen Gesellschaften sich Gewerkschaften anschließen und bessere Arbeitsbedingungen fordern, aber nur, wenn die Arbeit dann nicht zu anderen Menschen verlagert wird, die in einer schlechteren Lage sind. Eine echte Revolution kann nur erfolgreich sein, wenn sie global stattfindet. Ich meine: strukturell global. Ich rede nicht bloß über den globalen Süden. In Süditalien beispielsweise wurde die Arbeit auf Tomatenplantagen noch vor einer Generation ausgebeuteter Italiener/innen selbst getan. Vor fünfzehn Jahren waren es Rumän/innen. Jetzt sind es Geflüchtete aus Afrika. Im globalen Kapitalismus bedeutet die Emanzipation einer Gruppe leider immer die Ausbeutung einer anderen.

Andererseits haben Sie Recht: Das Gefühl, nicht im kapitalistischen Hamsterrad rennen zu müssen, um glücklich zu sein, hat uns freier gemacht. Ich spüre das auch in unseren Institutionen: Bei den Gesprächen, die wir nach dem Lockdown geführt haben, haben unsere Mitarbeiter/innen sehr offen darüber gesprochen, was ihnen an der Organisation unserer Einrichtung gefällt und was nicht. Vor Covid gab es solche Gespräche viel seltener, weil wir immer im Produktionsmodus waren und alle fanden, ständig darüber zu reden, wie wir uns fühlen, sei elitärer Schwachsinn *(lacht)*. Ich mache Witze, aber es stimmt schon, vor Covid waren Gespräche über die Vision und den Auftrag unserer Einrichtung auf das künstlerische Personal und die Dramaturg/innen beschränkt. Nach Covid an den Arbeitsplatz zurückzukehren, ist immerhin eine bewusste Entscheidung: Wer zurückgekommen ist, möchte das NTGent wirklich zu einer gesünderen und gerechteren Institution machen. Das ist die kreative und demokratische Seite des Konzepts Verletzlichkeit. Wir lernen also jeden Tag mehr darüber, wie eine *gute* oder *demokratische* Institution aussehen könnte.

Dritter Akt: Was sind *Mikro-Ökologien*?

In Milo Raus Werk ist der Prozess ebenso wichtig wie das Endprodukt. Im Folgenden diskutieren wir, wie der Prozess selbst die Realität beeinflussen kann, indem er den Kapitalismus »hackt« und neue »Verteilungsstrategien für Würdesysteme« schafft. Mithilfe einer ganzheitlichen Sicht der Kunstproduktion schlägt Rau ein alternatives Nachdenken über »avantgardistische Kunst« vor: Nicht, indem man das »Ende der Kunst als Repräsentation« verkündet (wie die klassischen Avantgarden), nicht durch den »Tod des Autors« (wie die postmodernen Avantgarden), sondern durch die Begründung einer neuen Geschichte der Kunst, die existiert, um neue Realitäten zu schaffen. Indem er *Mikro-Ökologien* mit den Menschen schafft, mit denen er sich zu einem Projekt verbindet, bemüht sich Rau, dass nicht nur die Aufführungen, sondern auch die Arbeitsprozesse seine zugrundeliegenden Ideen und Vorstellungen widerspiegeln.

Rau: Fangen wir diesmal mit einem Geständnis meinerseits an: Mein Fokus auf der Erschaffung von Mikro-Ökologien basiert auf dem Bedürfnis nach einem kollektiven Ansatz von Kreativität. Ich muss tatsächlich eine Gemeinschaft lokaler Akteur/innen um meine Arbeit bilden, damit sie überhaupt möglich wird. Nehmen wir als Beispiel **Orest in Mossul**: Ich spreche kein Arabisch, es besteht eine große Wahrscheinlichkeit, dass ich getötet werde, wenn ich mich nicht an die Anweisungen der Menschen halte, die sich dort auskennen, ich habe keinen Zugang zu lokalen Schauspieler/innen, ich weiß nicht, welche Art von Theater sie gern machen wollen usw. Als ich in Matera **Das Neue Evangelium** gemacht habe, war es genauso: Da gibt es die doppelte Kriminalität der italienischen und der nigerianischen Mafia in Verbindung mit der relativ zurückhaltenden Präsenz des italienischen Staates. Man braucht also Einheimische, um sich in diesen Machtdynamiken zurechtzufinden. Wir brauchen Menschen mit dem nötigen Charisma, um Verbindungen zu knüpfen und das nötige Wissen darüber zu erwerben, wie wir Dinge geschehen lassen können.

Wie beginnt denn ein Projekt wie DAS NEUE EVANGELIUM?

Die Stadt Matera hat mich eingeladen, weil sie 2019 (gemeinsam mit Plowdiw in Bulgarien) Kulturhauptstadt Europas war. Und ich habe sofort ja gesagt, weil ich **Das 1. Evangelium – Matthäus** liebe, Pasolinis Film über das Leben Jesu, der in Matera gedreht wurde, und weil ich selbst dort einen Film über Jesus drehen wollte. Sie willigten ein, baten mich aber dann, öffentlich zu drehen und die Menschen vor Ort miteinzubeziehen. Also rief ich einige Schauspieler/innen an: Enrique Irazoqui, der im Pasolini-Film Jesus gespielt hatte, und Maia Morgenstern, die in Mel Gibsons **Die Passion Christi** (der ebenfalls in Matera gedreht wurde) die Maria spielte. Als nächstes reiste ich hin und stieß rasch darauf, was direkt außerhalb der Stadt geschieht: eine ganze Agrarindustrie, die von der Mafia betrieben wird und auf der Ausbeutung illegalisierter afrikanischer Migrant/innen beruht. Es ist ein Teufelskreis: Sie produzieren Tomaten, die nach Nigeria oder Kamerun exportiert werden. Womit die dortige Landwirtschaft zerstört wird, was zu noch mehr Wirtschaftsflüchtlingen führt, und so weiter. Ein Problem auch für die Landbesitzer, denn sie müssen ihre Produkte zu immer niedrigeren Preisen verkaufen, um konkurrenzfähig zu bleiben, was zu Monokulturen im großen Maßstab führt, die absolut nicht nachhaltig sind.

Das ist der perfekte Hintergrund für eine Neuerzählung der Geschichte Jesu. Jesus hat all diese unterschiedlichen Gruppen vereint, die durch die Ausbreitung des Römischen Reiches, das die lokale Ökonomie vor zweitausend Jahren durch Sklavenarbeit und Monokultur ruinierte, in den Nahen Osten aufgesplittert worden waren. Wir konnten die in den Evangelien erzählte Geschichte einfach per Copy-Paste in unseren Kontext holen. Viele Menschen, die **Das Neue Evangelium** sehen, sind sich nicht sicher, was aufgeführte Bibelszene und was dokumentarisch ist, weil wir im Grunde noch im gleichen ökonomischen und spirituellen System leben wie zu Zeiten der Römer – in einem ähnlichen »Empire«. Die erzählerische Dringlichkeit war also unmittelbar vorhanden. Aber ich wollte nicht einfach ein Kunstwerk produzieren, das die Gültigkeit klassischer Geschichten beweist, das die beklagenswerten Lebensumstände der Arbeiter/innen zeigt oder einen migrantischen Aktivisten als Jesus besetzt, aber nicht weitergeht. Verstehen Sie mich nicht falsch: Repräsentation und Inklusion ist äußerst wichtig, denn erst dann kann man sich neue Möglichkeit überhaupt vorstellen. Als Angela Merkel zum Beispiel nach sechzehn Jahren ihre Regierungszeit als Bundeskanzlerin beendete, war meine älteste

Tochter überrascht, dass sich Merz und Scholz um die Nachfolge bewarben, denn sie dachte, nur Frauen kämen für den Job in Frage. Und so funktioniert es eben: Wenn man sich an etwas gewöhnt hat, wie eine Frau als Bundeskanzlerin oder einen Schwarzen als Präsident der USA oder als Jesus wie im Fall von **Das Neue Evangelium**, dann betrachtet man es als normal. Das eröffnet neue Möglichkeiten.

Aber beim **Neuen Evangelium** fand ich, wir könnten noch mehr tun, um die Realität zu verändern, indem wir den zu Illegalen gemachten afrikanischen Arbeiter/innen, die am Projekt teilhatten, reguläre Arbeitsverträge gaben – womit sie auch einen legalen Aufenthaltsstatus erhielten –, und indem wir die gesamte Produktionskette kontrollierten, sodass neue, nachhaltige Distributionssysteme entstehen konnten. Das ist bei großen Produktionen oft ein Problem: dass ich als Künstler nur für die Herstellung eines Kunstwerks verantwortlich und engagiert bin und dass sämtliche andere Aspekte des Prozesses von Vertriebspartnern, Geschäftsführern oder Anwälten betreut werden. Wenn ich stattdessen jeden Teil der Schöpfungskette zwischen Produktion und Betrachtung als meine Verantwortung sehe, kann ich versuchen, dem gesamten Prozess die gleichen Werte von Würde und Gleichheit zu verleihen.

Das Gleiche geschieht beim Prozess des Tomatenanbaus und -verkaufs. Die Menschen, die auf den Feldern arbeiten, werden so gut wie gar nicht bezahlt. Dann werden die Tomaten von den Landbesitzern für ein wenig mehr an Vertriebsunternehmen verkauft. Dann gelangen die Tomaten in den Supermarkt, und plötzlich explodieren die Preise. Um dieses System zu kippen, setzten wir das ganze Prestige und die gesamte Öffentlichkeitsarbeit des Kunstprojektes ein und haben ein neues Vertriebssystem für die Tomaten etablieren können. Die werden jetzt regelmäßig an zweihundert Läden in Deutschland, der Schweiz, Österreich und Italien verkauft, wobei dafür gesorgt ist, dass die Gewinne gerecht zwischen den Läden, dem Vertrieb und den Arbeiter/innen verteilt werden, ohne dass die Mafia beteiligt ist. Wie schon an anderer Stelle erwähnt, haben wir außerdem *Häuser der Würde* geschaffen: Wohnungen für die statuslosen Arbeiter/innen, um den Teufelskreis der Obdachlosigkeit (ohne festen Wohnsitz keine legale Arbeitserlaubnis, ohne Arbeitserlaubnis keine Wohnung) zu durchbrechen.

Wie funktioniert das genau? Wenn die Arbeiter/innen vom Staat für illegal erklärt wurden, wird das ja nicht plötzlich gelöst, indem sie eine Wohnadresse

und einen Arbeitgeber haben, oder? Sie haben ja immer noch keine Bürgerrechte.
Einige der Menschen, mit denen wir gearbeitet haben, stecken noch mitten in ihren Asylverfahren. Aber normalerweise bekommen sie kein Asyl, weil die meisten afrikanischen Staaten als »sichere Herkunftsländer« gelten: als gäbe es dort keine Kriege und nur lauter demokratisch gewählte Regierungen. Ökonomische Gründe zählen nicht. Die meisten Menschen, die nach Europa flüchten, wissen genau, dass sie keine Chance haben, aber einige entscheiden sich trotzdem, das Verfahren auf sich zu nehmen. Manche machen sich gar nicht erst die Mühe und versuchen, »illegal« zu überleben. Beide Gruppen brauchen Jobs, um durchzukommen. Und so können wir ihnen helfen: indem wir ihnen ein regelmäßiges und faires Einkommen und gesunde Wohnverhältnisse bieten. Wenn man eine Anstellung nachweisen kann, kann man eine vorübergehende Arbeitserlaubnis bekommen. Das eröffnet immerhin die Möglichkeit, legal in Italien zu leben.

Natürlich geht es hier um das ganze System, um das »Empire«, von dem ich eben sprach: In Europa erklären wir Millionen von Menschen zu »Illegalen«, ohne ihnen die Möglichkeit zu geben, dieser Lage zu entkommen. Sie können nicht legal hierbleiben, sie können aber wegen der Dublin-Verordnung auch nirgendwo anders hin. Dann bringt sich die Mafia ins Spiel und gibt ihnen ein klein wenig Geld, was sie annehmen, weil sie keinerlei Status und nicht einmal Ausweispapiere haben. Diese Menschen haben absolut keinen Schutz. Das System ist so konstruiert, dass es jede Verantwortlichkeit für alles, was ihnen zustößt, auf diese Menschen selbst abwälzt. Dem gleichen Ausbeutungsmechanismus ist der größte Teil der Weltbevölkerung in der einen oder anderen Weise ausgesetzt. Wie bereits erwähnt, können viele Menschen in den westlichen Industrienationen überleben, auch wenn sie nicht arbeiten und nichts produzieren. Doch für den Rest der Welt oder auch für die Arbeiterklasse in unserem Teil der Welt gilt das nicht. Wenn sie also den Ansatz des Globalen Realismus wirklich bis zum logischen Ende denken wollen, müssen Sie den Menschen, mit denen Sie zusammenarbeiten, Zugang zum Markt und zur Macht bieten, sodass sie eine nachhaltige Stellung in der globalen Ökonomie einnehmen können. Ich möchte kein Kunstwerk produzieren, ohne dabei den gesamten Prozess von Grund auf neu zu gestalten, sodass es eine Wirkung über das Kunstwerk hinaus entfaltet. Wie wir es auch im *Genter Manifest* formuliert haben: Man muss Infrastrukturen schaffen, um

Menschen ökonomisch zu ermächtigen – allerdings habe ich dort das Wort *Infrastrukturen* durch *Mikro-Ökologien* ersetzt, denn das deutet soziale Beziehungen an, die über ökonomische Infrastrukturen hinausgehen. Es geht um die (Neu-)Verteilung von Würde. Das Kunstwerk wie die Tomaten sind nur Vertriebssysteme für menschliche Würde, die das Hauptziel ist.

Wie haben Sie denn bei der Kreation von OREST IN MOSSUL »Würde neu verteilt«? Welche neuen Vertriebssysteme haben sie mit den lokalen Filmemachern dort geschaffen?

Ich habe 2016 angefangen, in der Region zu arbeiten, als ich für meine Performance **Empire**, in der einer der Schauspieler zu seinem Geburtsort zurückgeht, nach Kurdistan und Nordsyrien und durch den nördlichen Irak gereist bin. Zu der Zeit war Mossul noch die Hauptstadt des selbsternannten Islamischen Staates. Wir haben also unsere Orest-Version zunächst in Sindschar geplant, das schon befreit war. Aber als auch Mossul 2017 befreit wurde, haben wir das Projekt dorthin verlegt und uns mit einigen Studierenden der örtlichen Kunsthochschule getroffen, der *Akademie der Schönen Künste Mossul*. Wir begannen mit ihnen zusammenzuarbeiten, an einem Stück und einem Film: **Orest in Mossul** und **Orest in Mossul – The Making of.** Mossul bzw. Ninive, das heute im Stadtgebiet von Mossul liegt, gehört zu den ältesten Städten der Welt. Zu Zeiten des Alten Testaments war es wie New York, die Stadt wurde rund fünftausend Jahre vor Aischylos und seiner **Orestie** gegründet.

Einige Mitarbeiter der UNESCO sahen das Stück in Paris, und dort gibt es ein Riesenprojekt zur »Wiederbelebung des Geistes von Mossul«. Sie boten uns also einen (sehr kleinen) Teil dieses Geldes an, um ein Projekt damit zu finanzieren, und wir sagten: »Was diese Studierenden wirklich brauchen, ist ein Schneideraum und Ausbildung. Was sie brauchen, sind Gelegenheiten, ihr Handwerk zu lernen und ihre künstlerische Handschrift zu entwickeln. Außerdem brauchen sie nicht bloß Zugang zu Wissen und Praxis, sondern auch zu Infrastruktur und Vertrieb.« Als nächstes haben wir gemeinsam mit der Akademie der Schönen Künste Mossul eine Filmhochschule geschaffen, mit einer sechsmonatigen Probeperiode für die ersten Studierenden, wo sie etwas über das Geschichtenerzählen, Drehbuchschreiben und Produzieren lernen konnten, über Ton- und Kameraarbeit, über Schnitt und Verleih und Vertrieb. Wir haben Filmschaffende aus dem

Irak und Europa eingeladen, Seminare für die zwanzig Studierenden in Mossul zu halten – fünfzehn junge Männer, fünf junge Frauen. Am Ende der sechs Monate wurden sie in Zweierteams aufgeteilt, und jedes Team drehte einen zehnminütigen Kurzfilm. Diese Filme zeigen wir jetzt auf internationalen Festivals. Im Augenblick diskutieren wir mit der UNESCO die Möglichkeit einer Mossul-Biennale – eines Filmfestivals, das Filme aus dem Irak und aus Europa im Programm hat. Wir nehmen das als Vorwand, um weitere Workshops und Meisterklassen anzubieten – denn leider haben wir keine strukturelle Finanzierung auftreiben können, um eine richtige Filmhochschule daraus zu machen. Ich überlege also, ob ich nicht dorthin zurückkehre und einen neuen Film drehe, um einen Grund zu haben, weitere sechs Monate Ausbildung anzubieten.

Was wir in **Mossul** getan haben, ist ein gutes Beispiel für das, was ich mit Mikro-Ökologien meine: Es geht eben nicht bloß um die wirtschaftliche Ebene, sondern auch um Bildung und Nachhaltigkeit und darum, den Menschen Werkzeuge an die Hand zu geben, mit denen sie ihre eigenen Produktions- und Vertriebssysteme aufbauen können. Ich glaube, diese Frage stellt sich jedem Künstler, jeder Künstlerin, wenn sie älter werden und ihr zweiundfünfzigstes sogenannte Projekt angehen: Womit konstruieren wir es? Wofür ist es im größeren Zusammenhang gut? Man kann natürlich immer sagen, dass man Kunst nur um der Kunst willen macht und dass sie einen Wert an sich darstellt. Aber ich persönlich finde es sehr wichtig, mit der Welt außerhalb der akademischen Kunstszene in Verbindung zu bleiben. Und heute kann ich das tun, indem ich neue Strukturen unter dem Dach eines Projektes etabliere und verbinde, welche sich dann selbst zu autonomen Strukturen entwickeln.

Für das Frühjahr 2024 bereiten Sie ein ALL GREEKS FESTIVAL vor, bei dem alle 32 überlieferten griechischen Tragödien aufgeführt werden. Sie haben mir bei unseren Vorgesprächen erzählt, bei einem Treffen mit den Menschen, die für einen Erkundungs-Workshop bei der diesjährigen Biennale in Venedig vorsprachen, hätten Sie erkannt, dass »die Zeit der Verkörperung und des psychologischen Realismus' in griechischen Tragödien endgültig vorbei« sei. Was meinen Sie damit?
In diesem Jahr habe ich bei der Biennale in Venedig eine Retrospektive mit Filmen, Stücken und Diskussionen gezeigt. Außerdem wollte ich eine neue Inszenierung auf die Bühne bringen. Eine der griechischen

Tragödien, die in neuerer Zeit nie oder nur sehr selten aufgeführt wurde, heißt **Rhesos**. Es geht darin um einen König, der seine Armee nach Troja bringt, um den Trojanern im Kampf gegen die Griechen beizustehen. Doch am Vorabend der Schlacht, bevor sie selbst eingreifen können, werden sie von den Griechen überrascht und alle Soldaten im Schlaf getötet. Das ganze Stück ist im Grunde der letzte Traum des Königs, bevor er getötet wird. Es ist ein wunderschönes, aber auch irgendwie absurdes Stück, und man sieht schon, warum es in der Neuzeit nie oder nur ganz selten auf die Bühne gebracht wurde.

Ich fand, das Stück passt im Grunde perfekt, denn in Venedig gibt es viele Obdachlose, die immer wieder Opfer von nächtlichen Tötungsdelikten werden. Diese Morde werden natürlich nie aufgeklärt, weil es niemanden schert. Wir haben also einen offenen Aufruf gestartet und Menschen gebeten, Videos dazu einzusenden, wie sie dieses Stück angehen würden. Wir haben 500 Bewerbungen erhalten, das Festival hat 70 davon ausgewählt, die ich mir anschauen sollte. Jede einzelne Bewerbung wählte so eine Art Method-Acting-Ansatz: Die Menschen wollten die im Stück transportierten Gefühle in psychologisch realistischer Weise darstellen, verkörpern. Das war natürlich meine Schuld, es lag an der Formulierung des Aufrufs. Aber es war auch eine Art soziologische Studie dessen, was »Schauspielen« für junge Studierende von Akademien bedeutet: Das kommuniziert nichts als eine unkritische Treue zu einer bestimmten Vorstellung von »künstlerischer Qualität«. Und die schiere Menge dieser Haltungen ließ mich begreifen, dass diese Herangehensweise veraltet und überholt ist: eine akademische Schauspieltradition, die zu einem vergangenen bourgeoisen Zeitalter gehört, das seltsamerweise in der Theaterwelt immer noch weiterlebt. In den bildenden Künsten malt niemand mehr realistische Szenen: Als sich die Moderne Ende des 19. Jahrhunderts entwickelte, war das vorbei. Aber in den darstellenden Künsten sind immer noch große und bedeutende Häuser dieser Art von psychologischem Realismus verpflichtet, der doch längst völlig überholt ist von neueren Ideen zur Darstellung und Performanz (ganz zu schweigen davon, dass er mit der Ankunft des Kinos irrelevant geworden ist, denn der Film wird immer »realistischer« als das Theater sein können). Darum habe ich meinen Workshop in Venedig zu einer Art Debattierclub umgewandelt, in dem es darum ging, auf einen konkreten Kontext zu reagieren, Mikro-Ökologien zu schaffen, und um Repräsentation, Politik, Gewalt und Tragödie.

Die Situation ist in Ländern wie Großbritannien, Frankreich und den USA noch ausgeprägter, wo diese realistische Theaterschule immer noch dominant ist. Immerhin gab es in den Niederlanden und Belgien postdramatische Revolutionen, die zu einer Verbreitung neuer Aufführungspraktiken geführt haben und großen Einfluss auf die nachfolgenden Generationen von Theatermachern hatten.

Das ist einer der Gründe, warum ich nach Belgien gekommen bin. In Deutschland, Italien, der Schweiz und Frankreich propagieren sowohl die großen Häuser als auch die Schauspielschulen weitgehend diese altmodische Form des Theaters, und das Publikum geht mangels Alternativen mit. Wenn dort ein Regisseur oder eine Regisseurin mit »neuen Ideen« gefeiert wird, dann geht es meist um einen oberflächlichen Ansatz, der überhaupt nichts an der zugrundeliegenden Annahme des *tragischen Denkens* ändert. Sie fügen ein bisschen physische Radikalität hinzu oder ein paar politische Ideen an der Oberfläche. Postmodernes Theater ist oft wie eine Deepfake-Version dessen, was eine Avantgarde ausmachen sollte.

Der Unterschied zwischen dieser Art von Theater und dem Theater, an dem Sie interessiert sind, be-

steht also darin, dass in Ihrem Theater alle Elemente der Arbeit und des Schaffensprozesses eine direkte Beziehung mit der Welt eingehen. Das Material und der Prozess selbst werden vom Kontext beeinflusst: von den Darstellenden, dem lokalen Umfeld, der Art und Weise, wie das Stück in Beziehung mit lokalen Partner/innen produziert wird, alles steht miteinander in Verbindung. Es gibt keine klare Trennung zwischen Kunst und Wirklichkeit.

Ja, und darum war es auch so schwierig, etwas mit den siebzig Bewerbungsvideos anzufangen, die mir geschickt wurden: Ich erkannte kein Bewusstsein für diese Dinge. Das war eine sehr homogene Gruppe hochgebildeter Menschen zwischen zwanzig und dreißig, die offensichtlich eine bestimmte Vorstellung davon hatten, was Theatermachen bedeutet. Wie kann man da aus dem traditionellen Arbeitsprozess und den Hierarchien zwischen Regisseur und Schauspieler/in heraustreten? Wie kann man den Prozess befreien? Ich bin insofern ein Kind meiner Zeit, als ich die Trennung zwischen niederer Arbeit und Kunst oder Handwerk an sich nicht mehr respektiere. Ich habe kein Interesse daran, schönes Theater zu machen, bei dem das Publikum Beifall dafür spendet, wie gut es gemacht ist und wie sehr es sie berührt hat. Natürlich gefällt es mir, wenn ein Publikum von dem berührt wird, was ich ihm präsentiere, aber ich möchte auf authentischerem Weg dorthin gelangen. Ich bin immer ein bisschen irritiert, wenn Kritiker/innen meine Arbeit als professionell preisen, wenn sie die perfekte Dramaturgie oder die Schönheit loben. Wenn ich ein Projekt besetze, suche ich immer nach Menschen, die genau zu diesem Projekt passen. Das kann eine Gruppe professioneller Schauspieler/innen sein. In anderen Fällen werden aber die Eigenschaften oder Persönlichkeiten, die ich suche, besser von Laien repräsentiert. Ob jemand Schauspielprofi ist oder nicht, ist viel irrelevanter als andere Eigenschaften. Eine dieser Eigenschaften ist tatsächlich das *Bewusstsein*, dass Professionalismus oder Virtuosität an sich nicht ausreicht, weder bei den Schauspieler/innen noch bei mir als Regisseur.

Sie arbeiten aber immer noch an Projekten, bei denen Mikro-Ökologien weniger im Mittelpunkt stehen als sagen wir bei DAS NEUE EVANGELIUM. So ist zum Beispiel THE INTERROGATION ein eher traditionelles Theatererlebnis. Und soweit ich weiß, wurden dafür auch keine Vertriebswege neu erdacht. Fühlt sich das für Sie wie eine weniger bedeutende Arbeit an?

Nein. Ich probe einfach ungeheuer gern, darum werde ich immer auch Zeit für Arbeiten im kleineren Maßstab, für klassischere Theaterprojekte finden. Ich bin Aktivist, bin Kurator, und ich bin sehr stolz auf meine Langzeitprojekte wie die Serie **Histoire(s) du théâtre**. Der vierte Teil unter der Regie von Miet Warlop hatte in diesem Jahr beim Festival von Avignon Premiere, wie auch die vorherigen Teile. Ich bin superstolz darauf, was in den letzten fünf Jahren aus dem NTGent geworden ist. Auf unser reguläres Programm, auf unsere *Schule des Widerstands*, unsere Filmreihe, unsere *Goldenen Bücher* und vor allem unsere *Filmschule in Mossul*. Aber am Ende bin ich immer noch Theaterregisseur. Und die Frage bei jedem Stück, jeder Performance ist: Wie kann man es tatsächlich im Augenblick existieren lassen, selbst wenn man es über Jahre hunderte von Malen aufführt? Wie kann es in einem so viel kleineren, direkteren Sinn zu einer Mikro-Ökologie werden? Ein Teil der Antwort liegt für mich in einem performativen Modus von Theater, der in gewisser Weise ritualistisch ist. Im ersten Teil meiner **Histoire(s) du théâtre**, also **Die Wiederholung**, wird die Tötung von Ihsane Jarfi sehr stilisiert und choreografiert gezeigt. Doch es fühlt sich an, als würde es in dem Augenblick geschehen. So ist es mit allen Stücken, die ich inszeniere oder produziere: Für mich hat schon das simple Erscheinen eines Körpers auf der Bühne eine Kraft. Das ist wie eine Zurückweisung des Todes. Keine andere Kunstform kann das nachahmen – wegen der einmaligen Kombination von Zeit und Körperlichkeit in den darstellenden Künsten. Während ich das sage, wird mir klar: Für mich ist es eine Entweihung, auf der Bühne nur die meisterliche Beherrschung der *Form* zu präsentieren. Es ist ein Ort der *Bedeutung* und des *Sinns*, die auftauchen und wieder verschwinden, und dafür ist die Bühne gemacht.

Als Regisseur an einem städtischen Theater und als jemand, der große internationale Projekte mit zahlreichen Partner/innen umsetzt: Ist es da immer möglich, aus einer Haltung der Dringlichkeit heraus zu produzieren? Haben Sie genug Freiheit, diese Dringlichkeit in allen Dingen zu finden, die Sie tun?
Genau das ist die Herausforderung. Man muss sich immer fragen: Wo ist die Notwendigkeit einer Institution, etwas zu produzieren? Wie kann man diese Notwendigkeit ständig erhalten oder zumindest einmal am Tag, sodass man auch die Freude am Schaffen spürt? Diese Frage sollte sich nicht nur an mich selbst richten, sondern an alle, die in einer künstle-

rischen Institution tätig sind. In meinem Fall an das NTGent: Wie können wir uns alle am Produktionsprozess beteiligt statt von ihm entfremdet fühlen? Man muss bei der Arbeit ein Funkeln in den Augen aller Mitwirkenden sehen. Wenn man bloß organisiert, ohne an der künstlerischen Seite beteiligt zu sein, dann geht dieser Geist schnell verloren. Ein ganzheitlicherer Ansatz beim Schaffen von Kunst nützt allen. Wenn alle Beiträge mit einem Gefühl der Dringlichkeit geleistet werden, können sich alle mit dem Gesamtprojekt verbunden fühlen, ganz egal, wie ihre individuelle Rolle aussieht. Wenn Kunst nicht als hierarchische Arbeitsteilung betrachtet wird – auf der einen Seite die Künstlerinnen, die Regisseure, die Darstellenden, auf der anderen Seite die Produktions- und Geschäftsführungsteams, der »Wasserkopf«, wie das mal jemand genannt hat –, sondern vielmehr als große gemeinsame Anstrengung. Das schließt auch das Publikum ein.

Im Grunde ist die Institution selbst eine Art Mikro-Ökologie. Man könnte sagen, ein Stadttheater ist eine symbolische Repräsentation der Gesellschaft und sollte als solche die Gesellschaft so gut es geht widerspiegeln. Dafür braucht man verschiedene Regisseur/innen und Stücke, die der Publikumsvorstellung von »Qualität« entsprechen, und solche, die diese Vorstellungen in Frage stellen. Man muss alle gut behandeln und zugleich akzeptieren, dass man auch eine Menge Mist machen muss, der nervig, aber notwendig ist. Es gibt zwei Sichtweisen des Glücks: Der Hedonismus sagt, dass alles, was man tut, sich gut anfühlen soll. Und der Eudaimonismus sagt, dass man zur Erlangung wahren Glücks auch Dinge tun muss, die nicht angenehm sind. Ich persönlich neige sehr stark zur zweiten Sicht: Kunst ist die Suche nach Freude, aber die Suche kann auch konfliktreich sein. Doch eine bestimmte Sorte der älteren Generation von Theatermacher/innen scheint eher eine Art von Kunstproduktion zu verfolgen, die an Masochismus erinnert. Dass Kunst irgendwie mit Leiden gleichzusetzen sei, dass gute Kunst nur entstehen kann, wenn alle im Schaffensprozess Schmerz und Unwohlsein fühlen. Vor langer Zeit war diese extremistische Sicht natürlich notwendig, um die bürgerlichen Werte und Normen der Zeit zu sprengen. Aber inzwischen hat sie ihren Sinn und Zweck verloren und ist zu einem paternalistischen Missbrauchssystem degeneriert. Das weiß ich, weil ich in einer Zeit und Region aufgewachsen bin, in der diese Vorstellungen noch gegenwärtig waren, wie: »Wer nicht schreit, hat keine Vision« und »Wer lächelt, verliert«. So was hört man immer noch in manchen deutschen Kunsthochschulen oder Kunstinstitutionen. Bei meinen ersten Arbeiten haben die Zuschauer/innen gefragt, warum die Menschen auf der Bühne so sanft und leise sprechen und warum es so wenig offensichtliches Drama gibt. Das liegt daran, dass ich das Sanfte, das Leise, das Ruhige und Heitere mag. Das trägt viel mehr Bedeutung als künstlich überhöhte Emotion. Außerdem wertschätze ich diese Dinge auch im Schaffensprozess selbst. Andererseits: Dass ich ein Gefühl von Sicherheit zu schaffen versuche, bedeutet nicht, dass es keine Panik und kein Chaos gibt. Ohne Panik und Chaos kann man ganz leicht die Handlungsfähigkeit verlieren. Wenn die Menschen die Dringlichkeit des Projekts nicht spüren und nicht erkennen, dass sie erwählt wurden, Sinn und Bedeutung zu überbringen, wenn sie sich nicht diesem Ziel verantwortlich fühlen, dann spüren sie auch keine wirkliche Verbindung zum Projekt. Dann passiert es nicht.

Es muss ein Gleichgewicht geben zwischen fairen Arbeitsbedingungen und einem gemeinsamen Gefühl der Dringlichkeit?

Ja. Aber noch einmal: Diese Diskussionen müssen strukturell geführt werden, das heißt auf der Grundlage wirtschaftlicher Realitäten. Was eine gute Praxis so erschwert, ist der Geldmangel im Theatersektor (und überhaupt in jedem nicht profitbasierten Sektor). Jahrelang sind die Subventionen gemessen in realer Kaufkraft gesunken, aber zugleich die Ansprüche der Subventionszahler gestiegen. Das führt zu einem dauernden Druck auf alle, die in der Szene arbeiten, weil immer alle Arbeit für mehr als eine Person leisten müssen. Der Geldmangel führt zu Burnouts, weshalb die übriggebliebenen Menschen noch mehr leisten müssen. Ein Teufelskreis. Wir stimmen alle überein, dass wir als Organisation diverser und inklusiver werden wollen, dass wir ökologisch nachhaltig operieren sollten, dass wir an uns selbst die höchsten Maßstäbe fairer Arbeitsbedingungen anlegen müssen. Aber all das kostet Geld. Wenn wir diese grundlegende Tatsache nicht ansprechen, laden wir uns nur immer mehr Verantwortungen auf, was letzten Endes ganz und gar nicht nachhaltig sein kann. Wir müssen von den moralischen Debatten zu strukturellen Debatten zurückfinden, vom neoliberalen Denken, dass dem Individuum die Schuld für alles gibt, zu einem revolutionären, kollektiven Denken. Angefangen mit der Frage: Wie können wir besser zusammenleben, menschlicher, nachhaltiger?

Die Idee der Mikro-Ökologien bezieht sich also in gewisser Weise auf die sozialen Dynamiken innerhalb einer bestimmten Gruppe. Wie versuchen Sie als Regisseur und künstlerischer Leiter die Vielfalt der Perspektiven in jeder Gruppe so zu organisieren, dass jede einzelne Person sich sicher, gesehen und gehört fühlt?

Ehrlich gesagt, gibt es andere Menschen am NTGent, die darin viel besser sind als ich. Ein Theater zu leiten oder ein Stück zu inszenieren bedeutet, diesen Menschen Raum und Handlungsmacht zu geben. Am Ende bin ich doch mehr Theatermacher und Aktivist als »Manager sozialer Prozesse«. Ich versuche also mit Menschen zusammenzuarbeiten, die diesen Teil der Arbeit gut beherrschen und ihn auch gern tun. Die Dramaturg/innen, mit denen ich arbeite, wie Carmen Hornbostel, Giacomo Bisordi und Eva-Maria Bertschy, sowie auch einige unserer Regisseur/innen wie Lara Staal oder Dalilla Hermans, haben oft einen Ausbildungshintergrund in Psychologie, Pädagogik oder Gemeinschaftskunst. Ich weiß, dass wir diese besondere Fähigkeit für die Projekte brauchen, die wir am NTGent umsetzen. Unsere Arbeit wäre ohne Menschen mit dieser Fähigkeit so nicht möglich, oder zum Beispiel ohne die ganze Öffentlichkeitsarbeit und die Geschäftsführung. Wenn man auf traditionelle Weise arbeitet, wo es Schauspieler/innen, einen Regisseur oder eine Regisseurin, Bühnenbildner usw. gibt, dann kennen alle ihre Aufgaben und Verantwortungsbereiche, weil sie alle schon oft in dieser Konstellation gearbeitet haben. Aber wenn man Menschen aus allen Lebensbereichen wegen ihrer ganz besonderen Expertise einlädt, braucht man eine Menge Leute, die jeder und jedem Einzelnen das Gefühl geben können, dass sie eine Stimme haben. Und ihnen auch wirklich eine verschaffen.

Wenn ich diesen Prozess delegiere, sorge ich auch dafür, dass nicht alle immer bloß mit mir zu tun haben, was auch befreiend ist. Ich mache Castings oder auch Proben nie ohne meine Dramaturg/innen, meine Coaches, und bei manchen Teilen meines Projektes bin ich selbst gar nicht anwesend. Diese Art der Zusammenarbeit flacht die Hierarchien zwischen Regisseur und allen anderen ab. Das musste ich tatsächlich erst lernen. Regisseur zu sein, heißt also: Man muss akzeptieren, auch mal ausgeschlossen zu werden, denn auf seiner zentralen Stellung zu beharren, bewundert und geliebt werden zu wollen, ist schlicht Narzissmus. Die einzelnen Kapitel der **Histoire(s) du théâtre** an andere Regisseur/innen und Teams abzugeben und nur als Diskussionspartner zur Verfügung zu stehen, war zum Beispiel nötig. Diese Regel gilt für alle in allen Projekten, was auch zu bestimmten Dilemmata führen kann. Als wir Yvan Sagnet baten, Jesus in **Das Neue Evangelium** zu spielen, wussten wir, er würde das Projekt nutzen, um währenddessen das Leben der geflüchteten Arbeiter/innen weitestmöglich zu verbessern. Ab einem bestimmten Zeitpunkt überlastete er mein Team völlig, weil er unsere Transportfahrer ständig einsetzte, um die Arbeiter/innen von der Arbeit nach Hause und umgekehrt zu fahren. Er nutzte Menschen aus dem Team auch, um Proteste zu organisieren und dergleichen. Irgendwann mussten wir dem Einhalt gebieten, um die parallelen Prozesse und die Bedürfnisse dieser Mikro-Ökonomie auszutarieren. Und natürlich warf Yvan mir vor, ich würde ihn verraten und seinen Kampf nicht verstehen. Aber ich trage eben Verantwortung für alle im Team.

Manchmal muss die Dringlichkeit, die das ganze Projekt antreibt, auch hinter den Bedürfnissen der Mitwirkenden zurückstehen.
Man muss ein Gleichgewicht finden. Mir fällt noch einmal das KIRAC-Projekt ein, über das wir vorhin gesprochen haben, wo sie sich auf einen Studenten einschossen, den sie für das beste Beispiel der Seuche

postmoderner Mittelmäßigkeit hielten, und ihn komplett niedermachten. Sie operierten dabei aus einer starren, vorgefassten Sicht heraus, was mit der Welt falsch läuft, und das versuchten sie dann zu zerstören. Ich glaube, ich operiere genau umgekehrt: Ich versuche immer, die verschiedenen Realitäten und Perspektiven nebeneinander existieren zu lassen. Das ist tatsächlich eine althergebrachte marxistische Vorstellung, dass die Arbeit uns zu Menschen macht und wir durch die Arbeit zusammenkommen können. Ein Freund von mir, der Philosoph Geoffroy de Lagasnerie, hat zu mir gesagt: »Kunst ist die Melancholie der gescheiterten Revolution.« Sie ist der Ort, wo man so tun kann, als hätte die Pariser Kommune überlebt und wäre ihren eigenen Idealen gerecht geworden, ein Ort, wo wir neue Arten des Zusammenlebens und Zusammenarbeitens ausprobieren können. Aber verstehen Sie mich nicht falsch: Das kann ein unglaublich erschöpfender, oft sogar brutaler Prozess sein, ein richtiger Krieg der Interessen. Die »demokratische« Methode ist oft extrem anstrengend, oft hysterisch und konfliktbeladen. Hierarchie, Patriarchat, das »Guru-Modell« haben so viele Jahre im Theater Anwendung gefunden, weil sie weniger Reibung verursachen. Weil es effektiv war. Sie wissen vielleicht, dass die Kommunarden am Tag vor der Einnahme von Paris durch die französische Armee im Mai 1871 über die genauen Abstimmungsregeln diskutiert haben, statt die Verteidigung der Stadt vorzubereiten … Ein paar Tage später waren sie alle tot. Wie es ein populärer Aphorismus, angeblich von Churchill, sagt: »Demokratie ist die schlechteste Staatsform – mit Ausnahme aller anderen, die bisher ausprobiert wurden.«

Vierter Akt: Das Stadttheater der Zukunft

Wir haben über Milo Raus Ansichten zu Natur und institutionellen Verantwortlichkeiten des zeitgenössischen Stadttheaters gesprochen. Aber wie soll das Stadttheater der Zukunft aussehen? Und wie kann man Raus Ideen zu Widerstand und Mikro-Ökologien da einbauen?

Nicht lange nach Antritt ihres Postens am NTGent haben Sie das *Genter Manifest* veröffentlicht, eine Liste mit »zehn Regeln, an die sich das Stadttheater der Zukunft halten sollte«. Welche Erkenntnisse haben Sie jetzt gewonnen, nachdem Sie in den letzten vier Jahren im Sinne des Manifests gearbeitet haben? Haben sich die Ideen weiterentwickelt?

Rau: Wie Sie wissen, wurden wir in der zweiten Hälfte der zweiten Spielzeit von Corona unterbrochen, darum sind es nicht ganz vier Jahre. Aber im Großen und Ganzen glaube ich, dass es gut funktioniert hat, denn die Regeln, mit denen wir gestartet sind, sollten das Theater zur Welt hin öffnen, wollten mit einigen Konventionen brechen, die das Theater hemmen, jedenfalls unserer Meinung nach. Wie zum Beispiel: mit kanonischen Theatertexten und einer geschlossenen Gruppe von Theatermachern zu arbeiten, die verschiedenen Realitäten und Gruppen der Stadt nicht in den künstlerischen Prozess mit einzubeziehen und so weiter. Das war mein ideologischer Ausgangspunkt: Wir sollten zur Essenz des Theaters zurückkehren, sollten die Bühne öffnen und kreieren. Das ist der große Unterschied zu einem Manifest wie *DOGMA '95*, dem Filmmanifest von Lars von Trier, Thomas Vinterberg und anderen. Ihr Manifest konzentrierte sich vor allem auf technische Aspekte:

Wie ein Film gedreht werden sollte – was zu einer bestimmten Ästhetik führte. Man kann einen Dogma-Film immer erkennen. Das *Genter Manifest* hingegen lässt alle ästhetischen Fragen offen. Es beschreibt eine offene und inklusive Arbeitsweise, die zu verschiedenen Endergebnissen führt. Was wir mit *DOGMA '95* gemeinsam haben ist, dass keine Filmproduktion jemals exakt alle Regeln befolgt hat, und das ist in beiden Fällen auch so beabsichtigt. Es ist ein Regelwerk, das zum Nachdenken anregen soll, keine wirkliche Sammlung von Glaubenssätzen. Das *Genter Manifest* galt zum Beispiel immer nur für unsere eigenen Produktionen, nie für die Gastinszenierungen, die in unseren Spielstätten präsentiert wurden. Eine weitere Ähnlichkeit ist, dass wir beide die Form des Manifestes wählten, um eine Ausgangsposition zu markieren, anhand derer wir bewertet und kritisiert werden konnten. So kann ein Gespräch über die Aktivitäten eines Stadttheaters angestoßen und in Gang gehalten werden: Wenn ich meine Ziele transparent mache, können wir diskutieren, ob ich sie erreiche oder nicht. Wenn ich das nicht tue, wird das Gespräch über meine Kunst immer nur in den etablierten Bahnen der Kunstkritik verlaufen. Und dann ist man in den üblichen bürgerlichen und moralischen Tautologien wie »Mir gefällt es, weil« oder »Das sollte man nicht tun« gefangen. Im Frühjahr 2022 habe ich Schillers **Wilhelm Tell** am Schauspielhaus Zürich inszeniert, wie erwähnt, und ich bekam nichts weiter zu hören als Diskussionen darüber, ob es zu viel oder zu wenig Schiller war, zu viel oder zu wenig Gefühl, zu komplex oder zu banal, zu viel oder zu wenig Zeitgeist, zu viel oder zu wenig Moral. Von so einer Kritik lernt man nur etwas über den Geschmack des Kritikers und die Klischees der Kunstform. Ich glaube, ich habe noch den alten demokratischen Traum, Kunst und Kunstkritik irgendwie zu kollektivieren und zu vergesellschaften, ein Kunstwerk und eine künstlerische Einrichtung wirklich dem Publikum zu öffnen, sodass alle an dieser großen Diskussion teilhaben können, »was Theater und ein Stadttheater sein soll«. Darum steht auch in einer Regel des *Genter Manifests*, dass alle Bürger/innen das Recht haben, zu den Proben zu kommen. Das haben wir zum Beispiel auf unsere Eröffnungsvorstellung angewendet, **Lam Gods**: Jedes Casting, jede Probe wurde von Journalist/innen, Studierenden oder einfachen Bürger/innen verfolgt, von Familien und Freundeskreisen der Schauspieler/innen. Volle Transparenz, danach streben wir. Was aber dem *Genter Manifest* immer noch fehlt, ist die Ausweitung dieser Zugänglichkeit auf die gesamte Institution, nicht bloß auf den Produktionsprozess und die Aufführungen selbst. Das wurde auch auf unserer letzten Mitarbeitenden-Versammlung thematisiert, wo mich unsere Autorin und Performerin Luanda Casella ansprach: Wenn du Vertreter der lokalen Communitys nicht in alle Ebenen deiner Institution einlädst, ist es nicht wirklich eine offene Institution. Das wird also einer unserer nächsten Schritte. Was außerdem verbessert werden kann, ist unsere ökologische Nachhaltigkeit. Die ist mehr oder weniger zufällig schon im Manifest enthalten, denn eine Regel besagt, dass das Bühnenbild in einen Lieferwagen passen muss, aber das ist offensichtlich nicht genug. Seit **Grief & Beauty** wenden wir bei unseren Produktionen das *Green Book* an, ein Dokument, in dem alle wichtigen Bereiche aufgezählt sind, in denen man auf Nachhaltigkeit achten kann: vom Bühnenbild und Ausstattung über Beleuchtung zum Catering, zu Reise und Transport. Und wir sind STAGES beigetreten, einem Projekt aus zwölf europäischen Theatern, in dem wir uns alle verpflichten, ökologisch nachhaltig zu produzieren und *Best Practices* untereinander auszutauschen.

Können Sie uns näher erläutern, wie das Manifest die Produktionen beeinflusst hat, die in den letzten

Jahren am NTGent gelaufen sind? Haben Sie die Regeln zum Beispiel mit allen Regisseur/innen fortlaufend diskutiert oder lief das eher stillschweigend?
Das hängt vom Künstler, von der Künstlerin ab. Ich hatte den Eindruck, dass es bei Luc Perceval die größte Wirkung entfaltet hat, weil er so daran gewöhnt war, mit klassischen Texten zu arbeiten. Jetzt musste er zusammen mit den Dramaturg/innen eigene Texte schreiben, woraus dann die Trilogie **The Sorrows of Belgium** entstand. Er hat sich ein ganzes Stück aus seiner künstlerischen Komfortzone herausbegeben, was mich sehr beeindruckt hat. Das Gleiche gilt für Ersan Mondtag, der mit **The Living** zum ersten Mal eine Performance ohne Text auf die Bühne gebracht hat. Aber **The Sorrows of Belgium** und **The Living** sind vollkommen unterschiedliche Bühnenereignisse. Schon das zeigt, dass das Manifest Künstler/innen flexible Möglichkeiten bietet, wie sie es in ihre Arbeit integrieren können. Oder sehen Sie sich die Stücke von Lara Staal, von Dalilla Hermans an oder unser Markenzeichen, die ersten vier Kapitel der **Histoire(s) du théâtre**: Faustin Linyekula, Miet Warlop, Angélica Liddell und ich selbst, wir haben uns auf sehr unterschiedliche Weise an das *Manifest* gehalten. Natürlich entscheiden wir auch, mit manchen Theatermacher/innen gar

nicht zusammenzuarbeiten, weil sie kein Interesse daran haben, ihre Arbeit an das *Manifest* anzupassen. Aber diese traditionelle Vorstellung vom Theater, bei dem konventionelle Dramen, die auf klassischen Autor/innen, Filmen oder Bestsellern basieren, die großen Bühnen besetzen – und das Theater, das tatsächlich etwas zu sagen hat über die Welt, in der wir leben und neue Wege zu finden versucht, es zu sagen, auf die kleineren Nebenbühnen abgeschoben wird –: Das ist genau die Logik, die wir zu durchbrechen versuchen. Es ist beeindruckend, wie sehr das Manifest in nur wenigen Jahren das NTGent für diverse und junge Theatermacher/innen und Zuschauer/innen geöffnet hat, die es gar nicht gewohnt waren, in einem Stadttheater zu inszenieren, zu spielen, zuzuschauen. Das heißt natürlich nicht, dass wir traditionelleren text- oder schauspielerbasierten Inszenierungen gar keinen Raum mehr geben wollen. Jesse Vandamme zum Beispiel, einer der jüngeren Autoren, die mit uns zusammenarbeiten, ist sehr auf Schauspieler/innen fokussiert. Trotzdem unterstützen wir ihn und seine Kompagnie bei der Produktion großformatiger Performances. Im Vergleich zu einigen unserer Haus-Mitarbeiter/innen wie Lara Staal oder Luanda Casella bin auch ich eher »Traditionalist«: Die Hälfte meiner eigenen Produktionen arbeiten hauptsächlich mit Schauspieler/innen, zum Beispiel auch meine Inszenierung **The Interrogation**.

Hatte die Coronakrise irgendeinen Einfluss auf Ihre Vorstellungen von Form und Funktion des Stadttheaters?

Wenn die übliche Infrastruktur und Architektur der Theater komplett geschlossen sind, muss man neue Wege suchen, seine Arbeit zu präsentieren. Also macht man es online oder draußen – man muss neue Formate finden. Man fängt tatsächlich an, seine bisherige Arbeitsweise neu zu bewerten. Ein besonders absurdes Beispiel: Früher haben wir Menschen von verschiedenen Kontinenten eingeladen, einen Vortrag auf unserer kleinsten Bühne (im Arca) vor etwa 50 Zuhörer/innen zu halten, und haben mehrere tausend Euro für Flüge, Hotels etc. ausgegeben. Jetzt investieren wir das ganze Geld in die Mitwirkenden, machen das Ganze online, und 10 000 Menschen können es sehen und hören. Beim Online-Projekt **Die Schule des Widerstands**, das wir während der Lockdowns durchgeführt haben, bin ich einer Menge Menschen begegnet, mit denen ich sonst niemals gesprochen hätte. Wir stellten fest, dass wir in den letzten Jahrzehnten sehr eurozentrisch geworden waren, und das hauptsächlich aus logistischen

Erwägungen. Als wir unsere Meetings und Gespräche online halten konnten, weitete sich der Blickwinkel sofort global aus. Wenn man zum Beispiel mit dem französischen Choreographen Jérôme Bel spricht, sagt er einem, dass Künstler/innen ganz aufhören sollten, international zu touren, weil es schlecht für die Umwelt ist. Wenn man aber dann mit Künstler/innen aus dem globalen Süden spricht, entgegnen sie: »Seid ihr verrückt? Wir leben nicht in Paris oder Berlin. Wenn wir nicht mehr in Europa touren können, sind wir erledigt«. Das öffnet einem die Augen dafür, dass sozio-ökonomische Bedingungen bei unseren kulturpolitischen Entscheidungen immer eine wichtige Rolle spielen sollten. Das bedeutet nicht, dass die internationale Tourneeszene so bleiben sollte, wie sie ist. Als Teil von STAGES gehen wir zum Beispiel mit Produktionen von Jérôme Bel und Katie Mitchell auf Tournee, ohne auf Tournee zu gehen: Sie werden einfach in jeder Stadt von lokalen Künstler/innen gespielt und performt. Eine weitere Veränderung ist eine Verschiebung hin zu mehr filmischem Output im Lockdown: Wir haben in den Jahren 2020 und 2021 sieben Kino- und Fernsehfilme gemacht. Für das **All Greeks Festival** im Frühjahr 2024 werden wir die meisten Vorführungen am frühen Morgen statt am Abend auf die

Bühne bringen. Auch das war ein Resultat der unterschiedlichen zeitlichen Wahrnehmung, zu der die Pandemie geführt hat. Warum spielen wir eigentlich immer nach der Arbeit, wenn die Menschen müde sind? Warum nicht morgens, bevor die Menschen zur Arbeit gehen, sodass die Kunsterfahrung in ihnen nachhallt, wenn sie ihre Arbeit tun? Es gab alle möglichen festgefügten Vorstellungen, die wir zu hinterfragen begannen, weil Covid alles über den Haufen geworfen hat.

Aber jetzt, da wir die Lockdowns hinter uns haben, spürt man, wie sich die Macht der alten Arbeitsgewohnheiten wieder durchsetzen möchte. Alle scheinen so schnell wie möglich zum alten Zustand zurückkehren zu wollen und arbeiten sogar noch härter als vorher. Sie wollen »verlorene Zeit« aufholen. Ich weiß noch, wie ich am Anfang der Pandemie dachte, als die internationalen Kuratoren auf einmal nicht mehr jeden Tag nach Tokio oder New York flogen, um die neuste Inszenierung zu sehen: »Na, vielleicht ist das ja endlich der Augenblick, wo wir unsere Gewohnheiten ändern und wirklich anfangen, den Planeten zu retten.« Und jetzt schaue ich auf Facebook und sehe alle wieder Sätze posten wie »Bin gerade in Nairobi gelandet«. Haben wir nichts gelernt?

Über welche wichtigen Aspekte Ihrer Vorstellung von der Zukunft des Stadttheaters haben wir bisher noch nicht gesprochen?

Was ich wirklich gern herausfinden würde – ich weiß nicht, ob es möglich ist: wie man die Intimität und das demokratische Potenzial, das sich beim Arbeiten mit einer kleinen Gruppe ergibt, mit einer ganzen Institution mit über hundert Beschäftigten aufrechterhalten kann. Mit einem Team von dieser Größe wird man ständig von Meetings und Unterausschüssen erstickt. Man kann nicht mehr mit allen auf einmal kommunizieren, darum haben die Menschen zu jedem Zeitpunkt unterschiedliche Informationsstände, und es entwickelt sich eine Art Hierarchie. Die große Herausforderung, wenn Sie in Ihrer Organisation nicht nur auf Universalismus und Konformismus setzen und Raum für alle möglichen Herkünfte und Sichtweisen schaffen wollen, ist also: Was brauchen Sie für ein Organisationsmodell? Das ist wie das Marxsche Konzept der *permanenten Revolution*: Man kommt nie an, man ist immer auf dem Weg. Institutionelle Demokratie bedeutet, den einzelnen Projekten innerhalb der Organisation so viel Unabhängigkeit wie möglich und den Projektverantwortlichen und den Künstler/innen maximale Handlungsfreiheit zu gewähren. Kunst muss Chaos sein, aber das Umfeld, in dem das Chaos stattfindet, sollte sicher und gut organisiert sein, sonst gehen alle nach ein paar Wochen mit Burnout nach Hause. Außerdem glaube ich, dass maximale Unabhängigkeit allein nicht reicht. Das Stadttheater der Zukunft muss nicht nur den Teammitgliedern der einzelnen Projekte Handlungsmacht verleihen, sondern allen über die ganze Organisation verteilt. Alle müssen sich gleichermaßen als engagierter Teil des Ganzen fühlen und mit ihrer spezifischen Rolle verbunden sein. Das ist für ein Stadttheater eine permanente Herausforderung, weil es als Institution allen Menschen der Stadt gehört. Es ist keine Kompagnie und kein Privattheater, das sich auf ein bestimmtes Zielpublikum konzentrieren kann, auf eine bestimmte Gruppe von Menschen, die Handeln gewohnt sind – wie Berufsschauspieler/innen oder Regisseur/innen –, es muss aus *künstlerischen* Gründen offen und inklusiv für alle sein.

Wie meinen Sie das?
Ich meine schlicht, dass ein Stadttheater den tatsächlichen Kontext der Stadt, der aktuellen sozialen Lage als wahren Schöpfungsort bedenken muss. Ich finde es zum Beispiel wichtig, die Klassiker zu adaptieren. Das ist in meiner Arbeit offensichtlich. Ich

habe viele Klassiker adaptiert, von der Bibel bis zu den griechischen Tragödien. Man könnte sagen, unsere Zivilisation und vielleicht jede Zivilisation lebt davon, dasselbe wieder und wieder zu bearbeiten. Ich meine, man kriegt junge Leute immer noch mit **Romeo und Julia** ins Kino, eine Handvoll Klassiker hat also diese universelle Anziehungskraft. Aber man muss sie eben immer wieder *adaptieren*: sie für den aktuellen Augenblick neu schaffen. Aischylos und Euripides haben ihre Geschichten selbst aus schon existierendem Material adaptiert, es ist also verrückt zu behaupten, ihre Versionen seien definitiv oder sakrosankt. Es ist totaler Zufall, dass gerade ihre Versionen den Brand der Bibliothek von Alexandria überlebt haben und bis in die Gegenwart überliefert wurden. So eine Haltung sollten Stadttheater haben: Wir sollten immer darauf bedacht sein, etwas Neues zu schaffen, das im Hier und Jetzt etwas zu sagen hat, auch wenn es auf Jahrtausende altem Material basiert. Es ist mir wichtig zu sagen, dass ich nicht gegen Text an sich bin, aber ich werde immer die Ansicht vertreten, dass Künstler/innen etwas erschaffen müssen und nicht bloß reproduzieren sollten.

Das hängt mit allem zusammen, worüber wir vorher gesprochen haben. Was ich nicht-entfremdete

Praxis nennen würde. So eine Praxis verändert die Situation, in der sie produziert wurde und die sie repräsentiert. Es geht also nicht mehr um Repräsentation, sondern darum, dass die Repräsentation selbst real wird. Für mich – und das ist sehr idealistisch – ist der künstlerische Akt ein symbolischer Akt, der für alle Akte und Handlungen steht, für menschliche Praxis im Allgemeinen. Er ist eine Art Nachdenken darüber, dass wir eine sinnerfüllte Spezies sind, das ist es, was Kunst ist und tut. Darum feiere ich auch die ganze Breite und Diversität von Theater, von avantgardistischen Experimenten bis zum »Volkstheater«. Das sind alles Versuche, neuen Sinn zu erzeugen. Entscheidend ist aber, ob der Akt der Kunstschöpfung wirklich in einen Dialog mit dem Umfeld und den Bedingungen seiner Entstehung tritt oder nicht. Man kann in einem mitreißenden künstlerischen Flow sein und glauben, dass man etwas richtig Wertvolles schafft, aber dennoch entfremdet bleiben, wenn man nicht ständig hinterfragt, wie der Prozess selbst mit der Welt um einen herum in Beziehung steht.

Was sind denn die Haupthindernisse für die Verwirklichung dieser Vorstellung vom Stadttheater der Zukunft, abgesehen von fehlenden Finanzen?

Wenn man wirklich ein Stadttheater schaffen will, das alle zu inkludieren versucht, dann sind die größten Fallstricke einerseits unlösbare Konflikte und andererseits Desinteresse und Segmentierung. Diese Stammesmentalität der alten Generation, die erste flämische Welle großer Meister wie Jan Fabre, musste sich dieser Frage der Diversität nie stellen. Sie basierte auf einer »eingeschworenen« Gruppe von Schauspieler/innen oder Tänzer/innen, geleitet von einem Guru, dem der Raum uneingeschränkt gehört. Aber das brachte natürlich auch alle kollektiven und individuellen Probleme eines geschlossenen Raumes mit sich. Die Vorstellung, dass einer Gruppe so viel Raum gegeben wird, wie sie will, ist vom übergeordneten Standpunkt aus unhaltbar, denn in jeder Einrichtung ist die Menge an Raum – wie auch immer man diesen Begriff definiert – begrenzt. Man muss also einen Weg finden, ihn zu teilen. Für mich persönlich bedeutet das, ich sollte als künstlerischer Leiter nach einer gewissen Zeit gehen und den Platz jemand anderem überlassen, selbst wenn ich glaube, noch nicht all unsere Ziele erreicht zu haben. Das ist im Grunde die gleiche Herausforderung, vor der auch unsere Gesellschaft im Ganzen steht: Wie können wir mit Unterschieden leben? Wie können wir eine Gemeinschaft leben, ohne den gleichen Hintergrund zu haben? Wie können wir, wenn wir die alte, tribalistische Vorstellung von der »Künstlerfamilie«, der »Truppe« ablehnen, die neoliberale Dystopie einer total atomisierten Gesellschaft vermeiden?

Ich habe den Eindruck, um diese Hürde zu überwinden, sollten wir auf etwas zurückgreifen, was uns verloren gegangen ist: den Glauben an die Kraft gemeinsamer Rituale. Ich bin der Ansicht, in diesen säkularisierten und hyperindividualisierten Zeiten ist das eine Lücke in unserem Leben, denn wir verstehen die Bedeutung nicht mehr, die hinter einem symbolischen rituellen Akt steckt, dabei ist das doch ein zentraler Aspekt des Menschseins. Im Kern ist alles, was wir als Menschen geschaffen haben, von der Sprache über die Demokratie bis hin zu Institutionen, ein symbolisches kollektives Ritual, an dem wir alle teilhaben. Und wir sollten nicht vergessen, dass die Kunst das Feld ist, in dem wir neue Rituale erkunden und einüben. Das heißt, dass wir als Gesellschaft in Kunst investieren sollten. Darum haben wir mit über einhundert Künstler/innen das Buch **Why Theatre?** gemacht, und darum habe ich die Reihe **Histoire(s) du théâtre** angestoßen: um (extrem) unterschiedlichen Künstler/innen den Raum zu geben, ihre eigenen theatralischen Rituale zu erschaffen. Nochmal: Der Unterschied zwischen einem städtischen Theater wie dem NTGent und einem Festival ist, dass wir diese symbolische Pflicht haben: der Ort zu sein, an dem die *ganze* Gesellschaft zusammenkommt und Sinn erzeugt. Das ist die wahre Hürde, glaube ich: dass der Neoliberalismus versucht hat, die Kunst dem »freien Spiel des Marktes« zu unterwerfen. Dass die Gesellschaft im Ganzen nicht mehr an eine Funktion der Kunst glaubt, die über »Unterhaltung« hinausgeht. Darum flüchten sich so viele in alte Ideen: die Idee der Nation und der Sprache, die Idee der »Zunft« und der »Professionalität«, der »Genies« und »Gurus«, der »Klassiker«, der Vorstellungen von Geschlechtern, von Traditionen …, weil das die letzte Zuflucht ist.

Gibt es aktuelle Beispiele dafür, wie Sie sich das Stadttheater der Zukunft vorstellen?
Man muss eine Mischung zwischen der Funktionsweise eines Ensembletheaters mit eigenen Inszenierungen und eines Gastspielhauses finden. Wir brauchen einen offenen Raum, in dem alle möglichen unterschiedlichen Produktionen gezeigt werden, wo wir auch selbst Stücke inszenieren, und wir müssen auf beide Identitäten gleich stolz sein. Aber zuallererst müssen wir vermeiden, was der deutsche Organisationssoziologe Niklas Luhmann »Autopoiesis«

genannt hat: Die Tatsache, dass jede Institution letztendlich nur an ihrer eigenen Erhaltung interessiert ist, an ihrer fortdauernden Existenz, und nicht an Sinn und Bedeutung, die sie produzieren soll. Es gibt einen Witz über den größten regionalen Fernsehsender in Deutschland, den WDR: »Wussten sie, dass der WDR auch Fernsehen macht?« Der Hintergrund ist, dass die Organisation so groß und so bürokratisch geworden ist, dass dieses ganze administrative System den tatsächlichen kreativen Output völlig überlagert. Dann werden Künstlerin und Künstler tatsächlich zum Problem, denn sie werden Teil eines selbsterhaltenden Systems, das davon lebt, existierende Formate zu erhalten. Alles, was von diesem Drehbuch abweicht, wird zum störenden Sandkorn im Getriebe. Diese Gefahr besteht für jede Institution, aber vor allem Kultureinrichtungen sollten sich ihr besonders bewusst sein. Wir sollten dafür sorgen, dass alle, die darin arbeiten, immer der Kunstproduktion dienen, und nicht der Institution um ihrer selbst willen. Wenn es sein muss, nagele ich das an die Eingangstür des NTGent: »Wir produzieren Kunst, wir produzieren Kunst, wir produzieren Kunst – und wir sind alle Künstler/innen, auch wenn wir unterschiedliche Funktionen haben.«

Es ist in diesem Zusammenhang interessant, auf

die Gründung der deutschen Stadttheater Ende des 18. Jahrhunderts zurückzuschauen. Da gab es eine populäre Revolte im Theater, die mit dem Aufstieg des Bürgertums zusammenhing. Das Publikum sagte: »Wir wollen uns keine römischen Helden mehr anschauen, das Theater soll widerspiegeln, wer wir sind.« Dramatiker wie Schiller und Lessing taten ihnen den Gefallen. Mit der Premiere von **Die Räuber** am Nationaltheater Mannheim im Jahr 1782 änderte sich etwas: Die ganze Stadt war da, die Menschen sahen, dass auch Mitglieder der Mittelschicht wie sie selbst Gefühle haben und Hauptrollen spielen können, dass ihre Sprache gesprochen wurde. Es war, als wären sie blind gewesen und könnten nun plötzlich sehen. Das Theater was inklusiv für alle. Aber aus den bekannten Gründen ist es in den 250 Jahren seither wieder zu einem Ort für die Eliten geworden.

»Aus den bekannten Gründen«?

Schauen wir uns nur einmal die letzten hundert Jahre an. Den Aufstieg von Massenmedien wie Kino und Fernsehen. Die wurden zu den »Kunstgattungen des Volkes«, und das öffentliche Theater wurde wieder in die »Hochkultur« geschoben (und schob sich auch selbst dahin, zugegeben), nur für einen kleinen Ausschnitt der Bevölkerung vorgesehen.

Dann wurde beispielsweise in Deutschland in den 1950ern die Rolle des Autors als wichtigste kreative Kraft im Theater geschmälert, Regisseure drängten an ihre Stelle. Das bedeutete, man legte weniger Wert auf neue Stücke und stützte sich wieder mehr auf schon Vorhandenes. Die Rückkehr des Repertoires. Das hat, jedenfalls in den letzten Jahrzehnten, auch mit den Anforderungen des Neoliberalismus zu tun: Dass man immer schneller produzieren muss. Ein schon existierendes Stück dekonstruieren und adaptieren geht einfach viel schneller, als ein neues zu schreiben. Außerdem ist Shakespeare eine bessere und zugkräftigere Marke, als es irgendeine neue Theaterstimme jemals sein könnte. Darum bestehen wir am NTGent darauf, mit Theatermacher/innen zusammenzuarbeiten, mit *auteurs* wie Luanda Casella, die lange Zeit brauchen, neue Arbeiten zu entwickeln. Sie schreibt und inszeniert ein neues Stück in einem Zeitraum, in dem klassische Regisseure wie Johan Simons mehrere inszenieren würden. Oder nehmen wir Miet Warlop, die eine ihrer ersten Performances noch einmal tiefgehend neu bearbeitet hat und daraus die unglaublich starke Aufführung **One Song. Histoire(s) du théâtre IV** gemacht hat. Wir haben heute nicht mehr die Zeit (oder wir nehmen sie uns nicht), wirklich zu reflektieren, was wir tun, etwas ganz neu zu erschaffen oder wieder zu erschaffen. Dazu müssen wir zurückkehren.

Sie haben vorhin über die Schwierigkeiten gesprochen, die Intimität und das demokratische Potenzial kleiner Gruppen aufrechtzuerhalten, wenn man in größeren Maßstäben mit größeren Teams innerhalb einer Institution arbeitet, und wie man dafür sorgt, dass sich alle immer noch als engagierter Teil des Ganzen fühlen. Kommen wir darauf noch einmal zurück: Wie sorgt man dafür, dass jede einzelne Person innerhalb einer Institution das Gefühl bekommt, eine Stimme zu haben?

Es gibt eine Spannung zwischen dem Zustand, sich zu sehr aufeinander einzulassen, was zu narzisstischen Konflikten führen kann, oder zu wenig zusammenzuarbeiten, was zu Desinteresse und Entfremdung führt. Ich bin immer enttäuscht, dass die Augenblicke, wo ein Gleichgewicht erreicht ist, wo sich Zusammengehörigkeitsgefühl und Verbundenheit einstellen, so flüchtig bleiben: Fünf Tage später kann man sich schon wieder abgekoppelt fühlen. Aber vielleicht funktioniert die postmoderne Gesellschaft einfach so: Momente der Zusammengehörigkeit wechseln sich mit Momenten völligen Alleinseins und Entfremdung ab, und das Stadttheater spiegelt das nur wider. Wenn dem so ist, dann kann man nichts Schlimmeres tun, als einer Institution den Wunsch nach einer Ersatzfamilie aufdrücken, denn das fördert nur Konformität.

Aber die Frage bleibt: Wie können wir zusammen sein, ohne gleich zu werden? Wie können wir uns zuhause fühlen, ohne Menschen auszuschließen, die unsere Ansichten in Frage stellen? Ich glaube, die Antwortet lautet schlicht: immer weiter zuhören. Menschen ernstnehmen, wenn sie sich ausgeschlossen fühlen, und überlegen, wie man ihnen Raum geben kann. Meine Anstellung am NTGent ist mein allererster fester Vertrag. Darum bin ich sehr froh, dass ich mir die Leitung mit einem Geschäftsführer teile, dass ich die Dramaturgie habe, dass wir Entscheidungen im wöchentlichen Meeting aller Abteilungen treffen, zusammen mit den Künstler/innen, der künstlerischen Leitung und den vielen weiteren internen Strukturen, die mir bei der Organisation des Hauses zur Seite stehen. Ich sehe mich eher als Inspirationsquelle, und zu Beginn war ich überrascht, dass strukturelle Probleme in diesem Bereich auf mich projiziert wurden. Aber irgendwann verstand ich, dass es zu meinem Job gehört, im Brennpunkt all dieser Widersprüche zu stehen – zwischen Kunst und Kunstmarkt, zwischen lokaler und globaler Öffentlichkeit, zwischen den ästhetischen und sozialen Verpflichtungen eines Stadttheaters und so weiter. Wenn ich das alles nicht mehr ausgleichen will, wenn ich die Nase voll davon habe, es anderen Menschen recht zu machen, und lieber mein eigenes Ding machen will, muss ich diesen Posten aufgeben.

Aber natürlich frage ich mich manchmal auch: Habe ich dauerhaft die Energie, auf dem Chaos zu bestehen und zugleich ein Gefühl von Sicherheit und Struktur zu vermitteln? Es ist ein ständiger Prozess von Erschaffen und Zerstören, denn wenn das eine oder das andere zu dominant wird, bedeutet es das Ende. Entweder wird man zu einer Einrichtung, in der alles feststeht und die Kunst nicht mehr gedeihen kann, oder nichts steht fest und alle sind ständig gestresst und verunsichert. Ich glaube, das lässt sich nur durchhalten, wenn man allen klarmacht, dass es ein ständiger Kampf ist und dieser Balanceakt nie zu Ende geht. Kunst wird also nie ein absoluter »safe space« sein, aber das entbindet uns nicht der Verpflichtung, Empathie und Mitgefühl zu üben und uns unserer eigenen Position stets bewusst zu sein.

Solche Dinge zu diskutieren, ist an sich schon eines der Werkzeuge, um einen Zustand der Inklusion zu erreichen?

Genau. Ein Vorteil meiner Arbeitsbiografie ist, dass ich zwanzig Jahre lang zwischen freier Szene und öffentlich finanzierten Einrichtungen gependelt bin. Ich bin also nicht aus ideologischen Gründen gegen die traditionelle Art, eine Institution zu leiten. Ich habe in meiner praktischen Arbeit nur die Erfahrung gemacht, dass das Ergebnis eines jeden Prozesses besser wird, wenn alle Teammitglieder das Gefühl haben, dieses Ergebnis gehört ihnen, sie alle haben dazu beigetragen. Aber ich will mich hier nicht als Heiligen darstellen: Es war auch für mich wirklich eine Herausforderung, die Verantwortung für den kreativen Prozess aus der Hand zu geben und diesem Prozess auch zu vertrauen. Es hat Zeit gebraucht, die Komplexität einer solchen Institution zu verstehen und die zeitlichen Abläufe zu akzeptieren. Als ich zum NTGent kam und mit **Lam Gods/ Der Genter Altar** ganz Gent auf die Bühne brachte – und wie Sie wissen, mussten wir das Theater gleichzeitig neu aufbauen, weil es in den Jahren zuvor eine beinahe tödliche künstlerische und finanzielle Krise durchgemacht hatte –, da versuchte ich zu angestrengt, Führungsstärke zu zeigen und das Bild eines Mannes abzugeben, der Verantwortung übernimmt. Die Menschen um mich herum mussten mir sagen, dass ich mich gar nicht so abstrampeln müsse, dass schon alles gut werden würde. Ich glaube, Els Jacxsens war es, unser technischer Leiter, der mir sagte: »Nur schwache Menschen schreien herum, weil sie glauben, sonst hört ihnen niemand zu« *(lacht)*. Das ist mir wirklich im Kopf geblieben. Es ist eine ständige Erinnerung an mich selbst, mir auch im Chaos und Stress der künstlerischen Produktion große Mühe zu geben, kein hierarchischer Anführer zu werden. Das ist ein guter letzter Punkt: Eine Einrichtung, die Sie zufällig als künstlerischer Leiter für eine begrenzte Zeit übernehmen, ist eine Maschine, die schon lange funktioniert hat und auch weiter funktionieren wird, lange nachdem Sie wieder weg sind. Sie sollten die Expertise und Erfahrung respektieren, die in der Maschine stecken. In den letzten Jahren hat es eine Menge Kritik an der Tatsache gegeben, dass die Menschen, die in solchen Einrichtungen hinter den Kulissen arbeiten, feste Verträge haben, und die künstlerischen Angestellten nicht. Menschen haben diese Festangestellten einen Wasserkopf genannt, der eine Menge Geld kostet, das stattdessen an die »echten Künstler/innen« gehen sollte. Aber auch wenn ich zustimme, dass man das Gleichgewicht zwischen Fixkosten einer Kultureinrichtung und dem Geld für die tatsächlichen Kunstprojekte stets kritisch im Auge behalten sollte, finde ich doch definitiv, dass wir den Menschen mehr Respekt erweisen sollten, die diese Maschine – gebaut für Kreative, damit sie sich auf ihre Kunst konzentrieren können – am Laufen halten. Es ist kontraproduktiv, sie als Problem darzustellen, und außerdem ein hervorragendes Beispiel dafür, wie das System uns um die Krümel streiten lässt, die es uns hinwirft. Wir sind alle eins, und nur gemeinsam – vor und hinter den Kulissen – können wir die totale Zerstörung des Kultursektors verhindern, die wir aktuell miterleben müssen.

Inhalt